JN131097

kintone

ファーストガイド 2022年版

働き方改革を推進し、テレワークを実現！ 相澤裕介◉著

カットシステム

はじめに

　以前から推進されてきた「**働き方改革**」の実現、新型コロナウイルスの流行などにより、オフィスに出社しないで仕事を進める**テレワーク**が大きな注目を集めています。また、少子高齢化が進む現在においては、労働力を維持・確保していくことも重要な課題といえます。育児や介護のためフルタイムで出勤できない人、地方に住んでいる人、定年後も働き続けたい人、もっと自由に働きたい人、こういった人々も労働力として取り込んでいかないと企業は存続できません。そして、その際に必須となる条件が**テレワークや時短勤務に代表される「多様な働き方」**です。

　テレワークを実現するには、各スタッフが業務に使用する端末（パソコン、スマートフォンなど）を用意し、自宅からインターネットに常時接続できる環境を整えてあげる必要があります。これらは多少の経費を確保することで、わりと簡単に実現できます。でも、これだけでは十分とはいえません。テレワークで仕事を進めるには、**データや情報をスタッフ全員で共有でき、自宅から安全にアクセスできるシステム**を構築しておく必要があります。その一助となるのが、本書で紹介するkintoneです。

　kintoneは**インターネット上にデータベースを構築できるサービス**です。その用途が限定されていないことも特長の一つです。顧客管理や受発注管理はもちろん、スケジュールの管理、進捗状況の管理、文書の管理、会議室の予約、交通費の申請、アンケート調査、タイムカードなど、あらゆる用途にkintoneを活用できます。

　通常、こういったシステムを構築するには、開発業者に依頼するか、もしくは自社でシステム開発を行う必要があります。でも、kintoneを使えば**プログラミング不要**で、さまざまな用途に使えるシステムを構築できます。誰でもすぐに使い方を覚えられるため、スタッフ全員が利用できるシステムになるでしょう。

　よくよく考えてみると、「オフィスに出社しなければできない仕事」というものは意外と少ないものです。ITを使って労働環境を少し整えるだけで、これまでとは全く違う働き方を実現できます。その最初の"きっかけ"として、kintoneの利点や使用方法を学び、自社にマッチする活用方法を見つけ出して頂ければ幸いです。

2021年9月　相澤 裕介

※ 本書は、2021年9月時点のkintoneをもとに執筆された書籍です。2021年9月以降のアップデートにより、各機能の動作が若干、変更されている場合もあります。あらかじめ、ご了承ください。

Contents 目次

第3章　少し高度なアプリの作成　107

第4章　kintoneを使ったコミュニケーション　　161

第 1 章

kintoneの利用開始と
ユーザーの登録

第 1 章では、kintone の概要とユーザー登録について解説
します。kintone には 30 日間の「無料お試し」が用意さ
れているため、すぐに試用を始めることができます。まずは、
kintone アカウントを作成し、社内（もしくは部署内）の
同僚をユーザーとして登録する手順から解説します。

01 kintoneとは？

kintoneの詳しい使い方を解説する前に、kintoneを仕事で使うメリットについて簡単に紹介しておきます。仕事を円滑に進めるためだけでなく、テレワークの実現にも貢献してくれるkintone。まずは、その概要だけでも把握しておいてください。

あらゆる業務に使えるクラウド型のデータベース

kintoneは、インターネット上にデータベースを構築できるサービスです。その特長は用途が限定されていないこと。顧客管理や在庫管理はもちろん、スケジュール管理、受発注の管理、進捗状況の確認、文書管理、会議室の予約、アンケート調査、タイムカードなど、あらゆる用途にkintoneを活用できます。

kintoneは特定の業務をターゲットにした専用アプリではなく、各自がデータの内容や機能を自由に指定して、目的に合わせたアプリを制作できるWebサービスです。通常、こういった業務アプリを制作するには、システム開発業者に依頼するか、もしくは自社でプログラミングを行う必要があります。一方、kintoneを使えば、利用を開始したその日から、用途に合わせたアプリを制作・運用できます。プログラミングの知識がなくても大丈夫です。このように、柔軟かつ手軽に導入できることが、多くの企業にkintoneが支持されている理由の一つです。

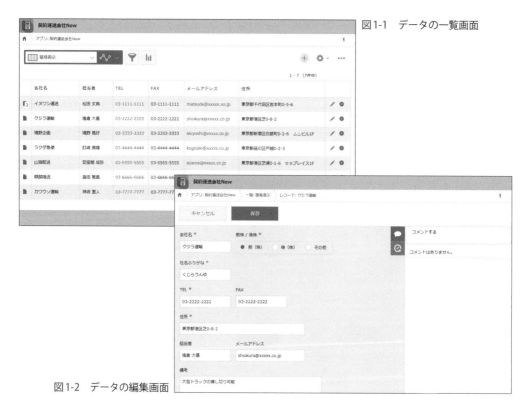

図1-1　データの一覧画面

図1-2　データの編集画面

Chapter 1

Chapter 2

Chapter 3

Chapter 4

Chapter 5

Chapter 6

場所、端末を問わずに接続可能

kintoneは、インターネット上にあるサーバーにデータを保存する**クラウド型のサービス**です。ChromeやSafariなどの一般的なWebブラウザで利用できるため、オフィスのパソコンはもちろん、外出先や自宅からでも問題なく利用できます。スマートフォンやタブレットで快適に利用するための「kintoneモバイルアプリ」も用意されています（Android、iOSに対応）。

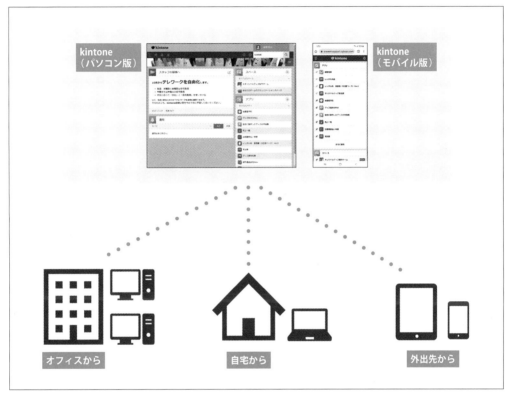

図1-3　kintoneの利用イメージ

こういったクラウド型のサービスは、**テレワークの実現**を目指している企業にとって朗報といえます。テレワークを実現するには、自宅や外出先でも、**社内と同じように仕事を進められる環境**を整備しなければなりません。

スマートフォンが普及した現在では、「取引先に連絡する」などの業務はどこにいても問題なく行えます。Zoomなどを使ったオンラインミーティングを開くことも難しくありません。ただし、その際に必要となる情報を参照できなければ、「テレワーク」という働き方を実現することはできません。

このような問題の解決にkintoneが役に立ちます。必要な情報（データ）をクラウド上に保管しておけば、どこからでも情報を閲覧・編集できるようになります。もちろん、**セキュリティ対策**も十分に施されています。データの暗号化、アクセス権の設定など、業務向けサービスとしての保守管理機能が標準装備されています。

コミュニケーションツールとしても使える

　実際に仕事を進める際は、上司の承認を得たり、同僚のスケジュールを確認したりするなど、社内コミュニケーションも重要な要素の一つになります。kintoneには**社内SNSのようなコミュニケーションツール**が用意されているため、同僚に相談や質問をしたり、上司の承認を得たりする場合にも活用できます。

　社内のコミュニケーションは面と向かって話をするのが一番ですが、相手が席を外していたり、出張や会議で都合がつかない場合も少なくありません。相手が在籍中であっても、『今は仕事の邪魔になるのでは……』と声をかけるタイミングを逸してしまうケースもあるでしょう。テレワークにいたっては、相手が同じ部屋（オフィス）にいないのが当たり前の前提条件になります。

　このような状況に備えて、**クラウド型のコミュニケーションツール**を用意しておくと、より円滑に仕事を進められるようになります。

図1-4　メンバー同士の情報交換に使えるスレッド（掲示板）

コメントを入力可能

図1-5　各レコード（データ）にコメントを残すことも可能

Chapter 1

Chapter 2

Chapter 3

Chapter 4

Chapter 5

Chapter 6

kintoneの利用料金

kintoneには、最初の30日間を無料で利用できる「**無料お試し**」が用意されています。この「無料お試し」で実際にkintoneを試用してみて、その有用性を確認することが可能です。

「無料お試し」を申し込む際に「支払い方法」などの決済情報を入力する必要はありません。このため、お試し期間の終了後に自動課金される心配もありません。実際にkintoneを試してみて、業務に使えることを確認してから本契約へと進みます。

kintoneの利用料金は、**ライトコース**（月額780円／1ユーザー）と**スタンダードコース**（月額1,500円／1ユーザー）の2種類が用意されています[※1]。

（※1）利用料金は2021年9月時点の価格です。

図1-6　コース紹介と利用料金

クラウド上にデータベースを構築し、アプリを制作・運用するだけなら**ライトコース**でも十分な機能を備えています。プラグインやAPI、JavaScriptなどを使って「より高機能なアプリ」を制作したい場合は、**スタンダードコース**を契約する必要があります。

コースやユーザー数はいつでも自由に変更できるので、まずは「無料お試し」で機能や動作を確認し、実際に運用しながら最適なコースを見極めていくとよいでしょう。

02 「無料お試し」の登録手順

それでは、kintoneの使い方を具体的に紹介していきましょう。まずは「無料お試し」に申し込む手順を解説します。以下に示した操作を行うだけで、すぐにkintoneの利用を開始できます。

「無料お試し」の申し込み

「無料お試し」の申し込みは、以下の手順で進めていきます。

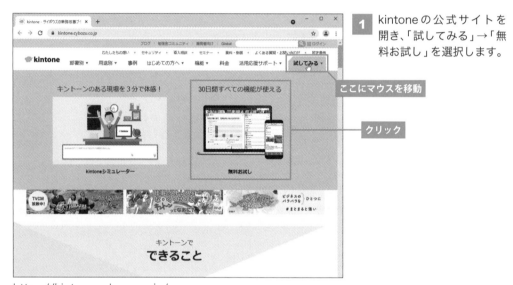

1 kintoneの公式サイトを開き、「試してみる」→「無料お試し」を選択します。

https://kintone.cybozu.co.jp/

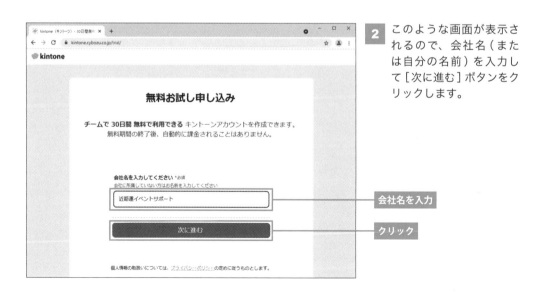

2 このような画面が表示されるので、会社名（または自分の名前）を入力して［次に進む］ボタンをクリックします。

Chapter 1

Chapter 2

Chapter 3

Chapter 4

Chapter 5

Chapter 6

3 該当する会社名が一覧表示されます。会社名が見つからない場合は、(該当なし)または(個人)を選択して[次に進む]ボタンをクリックします。

会社名を選択

クリック

4 メールアドレス、パスワード、氏名、勤務地などを入力して[次に進む]ボタンをクリックします。

メールアドレスを入力

パスワードを入力

氏名を入力

会社名を確認

会社の情報を入力

クリック

5 kintone の導入に関連する簡単なアンケートが表示されます。それぞれの質問に回答し、[お試しを申し込む] ボタンをクリックします。

アンケートに回答

クリック

6 以上で「無料お試し」の申し込みは完了です。

kintoneへのログイン

「無料お試し」の申し込みが済んだら、以下の手順でkintoneにログインします。

1 申し込みを完了してから5分ほど待つと、登録したメールアドレス宛にサイボウズから
メールが届きます。このメールアドレスに記されているURLをクリックします。

2 Webブラウザが起動し、ログインページが表示されます。ログイン名（メールアドレス）
とパスワードを入力し、[ログイン]ボタンをクリックします。

Chapter 1
Chapter 2
Chapter 3
Chapter 4
Chapter 5
Chapter 6

kintoneの
ポータル画面

3 初めてログインしたときは、「チームメンバーの招待」や「チュートリアル」などの画面が表示されます。これらの画面を閉じると、kintoneのポータル画面が表示されます。

URL（ドメイン名）の変更

「無料お試し」を申し込むと、https://（ランダムな文字列）.cybozu.com/k/ という形で「自社のkintone」にアクセスするためのURLが提供されます。このURL（ドメイン名）は、いつでも自由に変更できます。

ただし、チームメンバーを追加した後にURLの変更を行うと、不要な混乱を招く恐れがあります。この時点で覚えやすいURLに変更しておくとよいでしょう。URLを変更するときは、以下の手順で操作します。

1 Webブラウザに「kintoneのポータル画面」を表示します。続いて、⚙をクリックし、「cybozu.com共通管理」を選択します。

2 契約状況を示す画面が表示されます。「詳細な契約状況」をクリックします。

3 「ドメイン名」の項目の右端にある「変更」をクリックします。

Chapter 1
Chapter 2
Chapter 3
Chapter 4
Chapter 5
Chapter 6

4 新しいドメイン名（URLの一部）を入力し、［保存］ボタンをクリックします。

　以上でURLの変更は完了です。Webブラウザを終了して「cybozu.com共通管理」の画面を閉じます。その後、**数分ほど待つ**とドメイン名の更新が完了し、新しいURLでkintoneにアクセスできるようになります（古いURLは使えなくなります）。なお、「このリンクは不正です」と表示された場合は、もう少し待ってから作業するようにしてください。

■変更後のURL
https://（新しいドメイン名）.cybozu.com/k/

図2-1　kintoneのログイン画面

　kintoneにログインしたら、ポータル画面のページを**ブックマーク**などに保存しておきましょう。これで、そのつどURLを入力しなくても、すぐにkintoneを使えるようになります。

図2-2　ポータル画面をブックマークに追加

「k/」を除いたURLでアクセスした場合は？

　URLの末尾にある「k/」を除いた形でアクセスすると、以下のようなWebページが表示されます。この場合は［kintone］ボタンをクリックすると、ポータル画面へ移動できます。

図2-3　「k/」を除いたURLでアクセスした場合

利用の継続とデータの引き継ぎ

　「無料お試し」でkintoneを利用できる期間は30日間です。引き続きkintoneの利用を継続したい場合は、P211に示した手順で本契約を行います。本契約を行わなかった場合は自動的にkintoneが解約されます。

　なお、試用期間中に保存したデータや設定は、本契約時にそのまま引き継がれる仕組みになっています。このため、試用期間中の作業が無駄になることはありません。ただし、データや設定を引き継ぐには、「試用期間内」もしくは「試用期間終了後から30日以内」に本契約を結ぶ必要があります。

Chapter 1
Chapter 2
Chapter 3
Chapter 4
Chapter 5
Chapter 6

03 組織の登録とユーザーの追加

ここからは、kintoneの具体的な使い方を解説していきます。まずは、社内の同僚も
kintoneを使えるように「組織の登録」と「ユーザーの追加」を行います。これらの設
定は「cybozu.com共通管理」で指定します。

組織（部署）の登録

　まずは、組織名（部署名）の登録を行います。kintoneのポータル画面を開き、以下の手順
で操作を進めてください。

1　「kintoneのポータル画面」を開き、⚙をクリックして「cybozu.com共通管理」を
選択します。

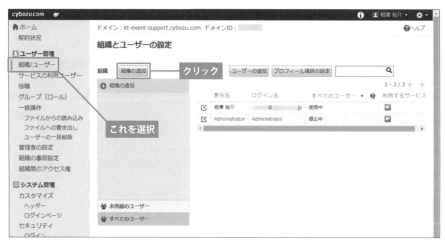

2　左側のメニューで「組織/ユーザー」を選択し、［組織の追加］ボタンをクリックし
ます。

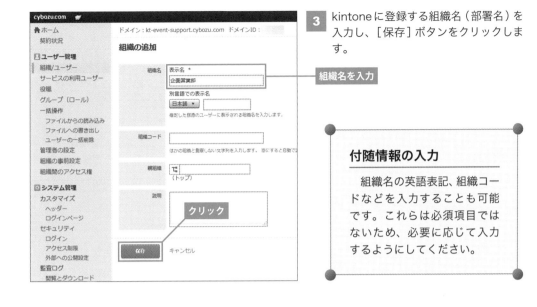

3 kintoneに登録する組織名（部署名）を
入力し、［保存］ボタンをクリックしま
す。

付随情報の入力

組織名の英語表記、組織コー
ドなどを入力することも可能
です。これらは必須項目では
ないため、必要に応じて入力
するようにしてください。

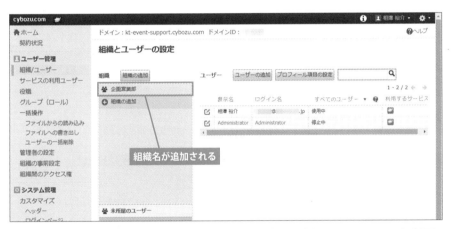

4 手順2の画面に戻るので、一覧に組織名（部署名）が追加されていることを確認し
ます。

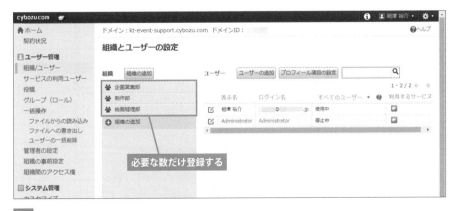

5 同様の操作を繰り返して、必要な数だけ組織（部署）の登録を行います。

Chapter 1
Chapter 2
Chapter 3
Chapter 4
Chapter 5
Chapter 6

組織情報の修正/削除

　登録した組織（部署）の情報を修正するときは、組織名の上にマウスを移動し、⚙ のアイコンをクリックします。すると、以下の図のようなサブメニューが表示され、組織情報の修正（編集）、並べ替え（表示順の変更）、削除などを行えるようになります。

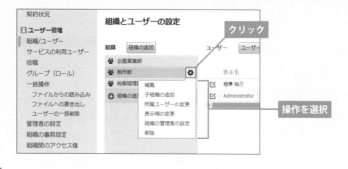

kintone ユーザーの追加

　続いては、kintoneを利用する**ユーザーを追加**します。社内の同僚もkintoneを利用できるようにするには、以下の手順で**ユーザーの追加**を行っておく必要があります。

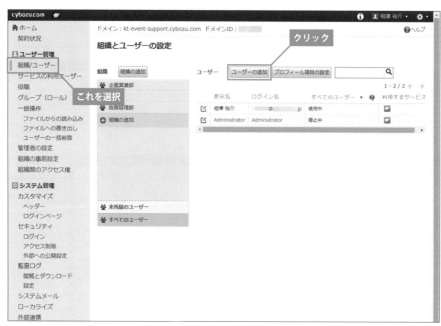

1 左側のメニューで「組織／ユーザー」を選択し、［ユーザーの追加］ボタンをクリックします。

2 新たに追加するユーザーの「名前」と「メールアドレス」を入力し、「ログイン名」を決定します。「ログイン名」には好きな文字を指定できます。

3 所属組織の □ をクリックし、その人が所属する組織を一覧から選択します。また、必要に応じて電話番号、URLを入力します。

役職の指定

　「所属組織」だけでなく「役職」も指定したい場合は、あらかじめ左側のメニューで「役職」を選択し、役職の登録を行っておく必要があります。すると、「役職なし」以外の項目を選択できるようになります。役職などのユーザー情報を後から指定しなおすことも可能です。この手順についてはP19〜20を参照してください。

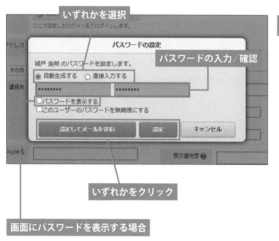

4 必要に応じて内線番号や携帯電話などの情報を入力し、[保存] ボタンをクリックします。

5 そのユーザーのログイン用パスワードを指定します。パスワードの指定方法を選択し、パスワードを入力/確認してから [設定してメール送信] または [設定] のボタンをクリックします。

パスワードの指定方法

パスワードを自動生成する場合は、「パスワードを表示する」をONにしてパスワードを確認(メモ)します。パスワードを自分で指定する場合は、「直接入力する」を選択し、同じパスワードを2回入力します。

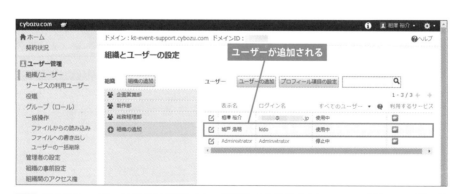

6 以上でユーザーの追加は完了です。手順1の画面に戻るので、一覧にユーザーが追加されていることを確認します。

Chapter 1

Chapter 2

Chapter 3

Chapter 4

Chapter 5

Chapter 6

　同様の操作を繰り返して、必要な数だけユーザーを追加します。もちろん、ユーザーを追加しただけでは、kintoneを社内で活用することはできません。kintoneにアクセスするためのURL、ログイン名、パスワードを各ユーザーに伝えるのを忘れないようにしてください。

　なお、パスワードの設定画面で［設定してメールを送信］ボタンをクリックすると、ログイン情報が記されたメールを各ユーザーに送信できます。ただし、ユーザーの登録時に、その人のメールアドレスを入力しておく必要があります。

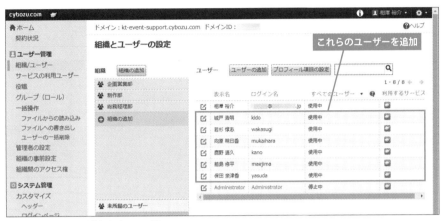

図3-1　kintoneに追加したユーザー

Administraorのユーザー

　kintoneには「Administrator」という名前のユーザーも登録されています。このユーザーはkintoneの利用を開始したときに自動登録される特別なユーザーで、通常時に使用することはありません。念のため、覚えておいてください。

ユーザー情報の修正

　登録したユーザーの情報を修正するときは、各ユーザーの左端に表示されている 🖉 をクリックし、ユーザー情報の編集画面を呼び出します。

図3-2　ユーザー情報の編集画面の呼び出し

初めから登録されている「自分」のユーザー情報には、「表示名」と「メールアドレス」の情報しか入力されていません。よって、この時点で情報を補完しておくことをお勧めします。「自分」の🖉をクリックし、姓、名、よみがな、所属組織などを補完しておいてください。この際に、**ログイン名**を「メールアドレス以外の文字」に変更することも可能です。

図3-3　ユーザー情報の変更

　設定画面に表示されるユーザーの一覧を「組織」で絞り込むことも可能です。この機能は、「それぞれの組織に所属しているユーザー」を確認するときにも活用できます。

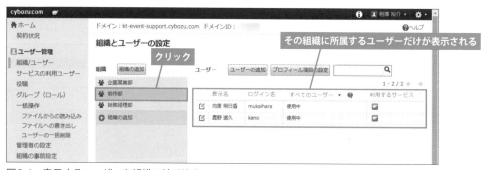

図3-4　表示するユーザーを組織で絞り込む

登録できるユーザー数

　「無料お試し」の期間中は何人でもユーザーを追加できます。無料期間が過ぎた後は、「実際に利用するユーザー数」を指定して本契約を交わします（ユーザー数に応じて毎月の利用料金が変化します）。

追加したユーザーのログイン

続いては、追加したユーザーでkintoneにログインするときの操作手順を紹介しておきます。新たに追加したユーザーは、**初回ログイン時にパスワードの変更を行います**。

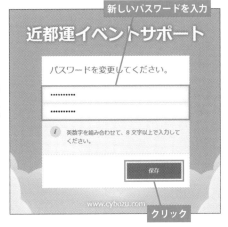

1 WebブラウザにkintoneのURLを入力し、ログイン名とパスワードを入力します。

ログイン名とパスワードを入力

クリック

新しいパスワードを入力

クリック

2 このような画面が表示されるので、新しいパスワードを2回入力します。以降は、ここで指定したパスワードでkintoneにログインします。

クリックしてポータル画面へ進む

3 追加したユーザーは「一般ユーザー」になるため、「cybozu.com共通管理」を利用できません。[kintone] ボタンをクリックしてポータル画面へ進みます。

クリック

パスワードの再変更

ログイン用のパスワードはいつでも変更できます。「自分のユーザー名」から「アカウント設定」を選択し、次の画面で「ログイン名とパスワード」を選択すると、パスワードを変更できます。

これを選択

Chapter 1
Chapter 2
Chapter 3
Chapter 4
Chapter 5
Chapter 6

04 アプリとデータベースの関係

kintoneは、それぞれのデータベースを「アプリ」として扱う仕組みになっています。続いては、アプリとデータベースの関係、ならびにフィールドとレコードについて解説します。

データベースとアプリ

kintoneには、顧客リストや在庫リスト、スケジュール管理、会議室予約など、あらゆるデータを登録できます。このとき、それぞれの**データベース**は**アプリ**として扱われる仕組みになっています。各データベースには専用の**フォーム画面**が備えられているため、それぞれのデータベースを「個別のアプリ」のような感覚で利用できます。

図4-1　アプリに備えられたフォーム画面の例

つまり、「データベースを作成すること」は「アプリを作成すること」と同じ意味になります。一般的なアプリとは少し言葉の意味合いが違うので注意してください。もちろん、各アプリ（データベース）に登録したデータを一覧形式で表示することも可能です。

図4-2　アプリに登録したデータの一覧表示

フィールドとレコード

　続いては、「フィールド」と「レコード」について解説します。フィールドとは、各アプリ（データベース）に入力欄として用意されている「それぞれの項目」のことを指します。一方、レコードは、アプリに登録されている「1件のデータ全体」のことを指します。

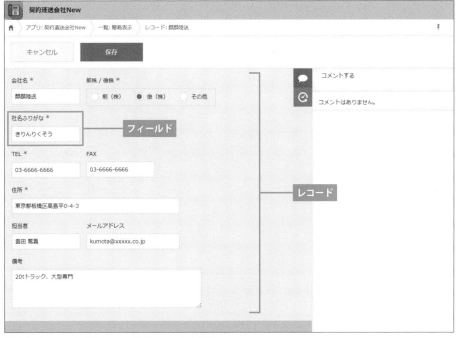

図4-3　フィールドとレコード（フォーム画面）

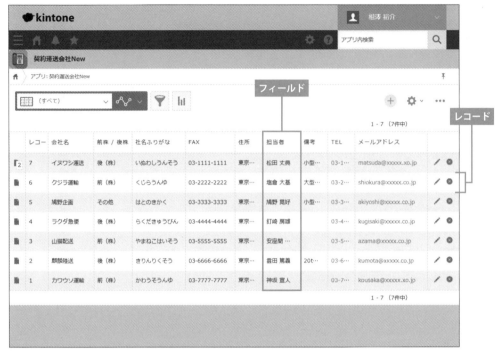

図4-4　フィールドとレコード（一覧画面）

　これらの用語は、Excelや一般的なデータベースで使われているものと同じ意味になるため、特に違和感なく覚えられるでしょう。

第2章

アプリの作成と基本操作

第2章では、kintone上にアプリを作成して、業務に必要となるデータを管理していく方法を解説します。実際にアプリを作成しながら、kintoneの基本的な使い方を学んでください。そのほか、Excelを使ったアプリの作成、アプリを利用できるユーザーの制限などについても解説していきます。

05 アプリの作成手順

業務に必要となるデータをkintoneで管理するには、それぞれのデータベースを「アプリ」として作成しておく必要があります。ここでは、アプリを作成するときの基本的な操作手順を解説します。

アプリを自分で作成

ここでは「契約している運送会社の一覧」をkintoneで管理する場合を例に、**アプリの作成手順**を解説していきます。アプリを自分で作成するときは、データの入出力画面となる**フォーム画面**をレイアウトしていくのが基本的な作業になります。

1 kintoneのポータル画面を開き、アプリの領域にある + をクリックします。

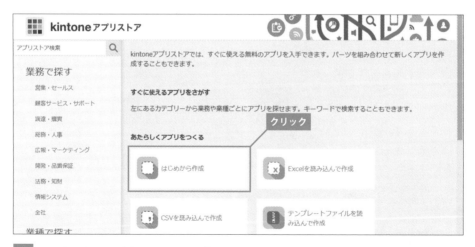

2 このような画面が表示されるので「はじめから作成」をクリックします。

3 アプリの編集画面が表示されます。最初に、これから作成するアプリの名前（アプリ名）を入力します。

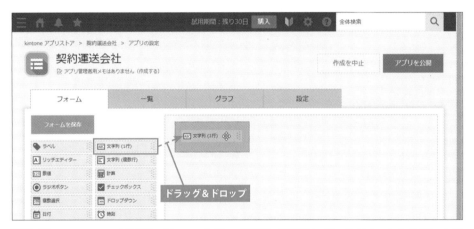

4 続いて、フォーム画面に「フィールド」（項目）を配置していきます。たとえば、文字入力用のテキストボックスを配置するときは、「文字列（1行）」のパーツをフォーム画面にドラッグ＆ドロップします。

5 配置したフィールド上にマウスを移動すると、⚙のアイコンが表示されます。このアイコンをクリックし、「設定」を選択します

Chapter 1
Chapter 2
Chapter 3
Chapter 4
Chapter 5
Chapter 6

6 フィールドの設定画面が表示されるので、フィールド名（ラベル）を入力します。また、必要に応じて「必須項目にする」をチェックし、［保存］ボタンをクリックします。

7 フォーム画面に配置したフィールドに、フィールド名（ラベル）が表示されます。

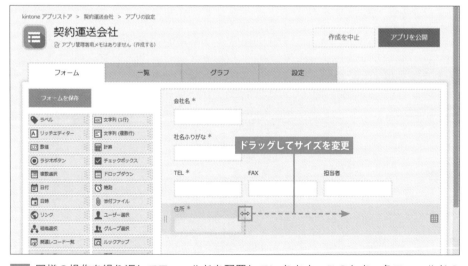

8 同様の操作を繰り返してフィールドを配置していきます。このとき、各フィールドの右端をドラッグして、テキストボックスのサイズを変更することも可能です。

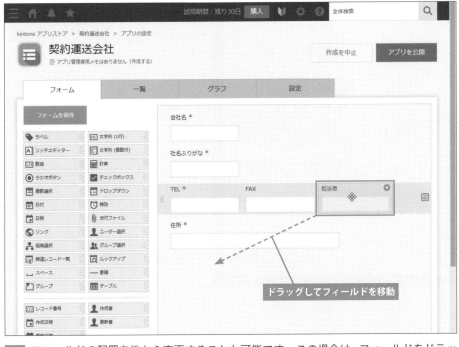

9 フィールドの配置を後から変更することも可能です。この場合は、フィールドをドラッグして移動します。

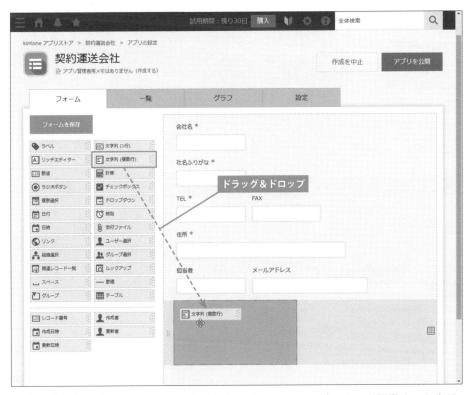

10 備考欄を作成する場合など、文章を入力するテキストボックスを配置するときは、「文字列（複数行）」のパーツをフォーム画面にドラッグ＆ドロップします。

Chapter 1

Chapter 2

Chapter 3

Chapter 4

Chapter 5

Chapter 6

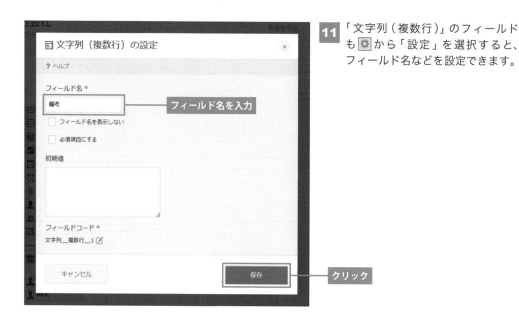

11 「文字列（複数行）」のフィールドも ⚙ から「設定」を選択すると、フィールド名などを設定できます。

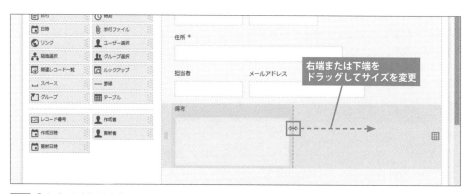

12 「文字列（複数行）」のテキストボックスは、幅と高さを変更できます。幅を変更するときは右端、高さを変更するときは下端をドラッグします。

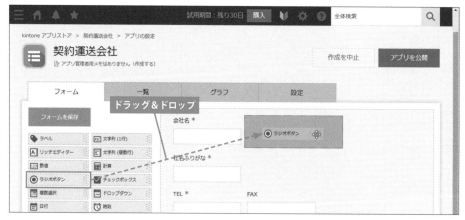

13 フォーム画面に「ラジオボタン」を配置することも可能です。この場合は、「ラジオボタン」のパーツをフォーム画面にドラッグ＆ドロップします。

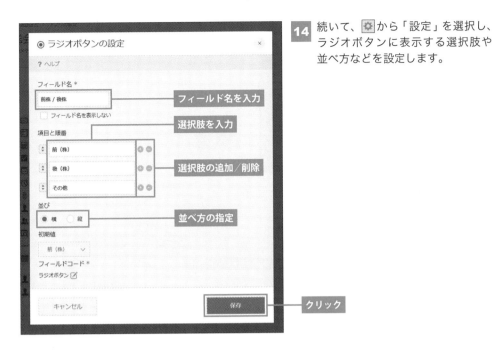

14 続いて、⚙から「設定」を選択し、ラジオボタンに表示する選択肢や並べ方などを設定します。

フィールド名を入力
選択肢を入力
選択肢の追加／削除
並べ方の指定
クリック

15 必要なフィールドをすべて配置できたら、[アプリを公開]ボタンをクリックします。

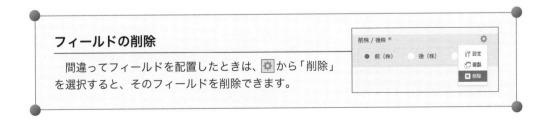

フィールドの削除

間違ってフィールドを配置したときは、⚙から「削除」を選択すると、そのフィールドを削除できます。

Chapter 1
Chapter 2
Chapter 3
Chapter 4
Chapter 5
Chapter 6

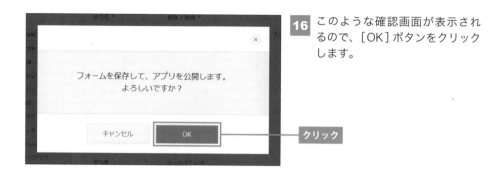

16 このような確認画面が表示されるので、[OK] ボタンをクリックします。

17 以上でアプリの作成は完了です。 🏠 をクリックしてポータル画面に戻ります。

18 作成したアプリが一覧に追加されていることを確認します。

以上がアプリを作成するときの基本操作になります。パーツをドラッグ＆ドロップして配置し、フィールド名などを指定していくだけで、手軽にアプリを作成できることを実感できると思います。

　もちろん、「文字列」や「ラジオボタン」以外のパーツを使ってアプリを作成することも可能です。これらのパーツについてはP43〜54で詳しく解説します。

作成したアプリの修正

　アプリの利用を開始する前に、作成したアプリを修正するときの操作手順を紹介しておきます。ここでは、**アプリのアイコンを変更する**場合を例に操作手順を解説します。

1 ポータル画面を開き、修正するアプリをクリックします。

2 アプリのデータ画面が表示されるので、⚙をクリックします。

Chapter 1
Chapter 2
Chapter 3
Chapter 4
Chapter 5
Chapter 6

3 「アプリの編集画面」が表示され、フィールドの追加／削除、設定変更を行えるように
なります。今回は「アプリのアイコン」を変更するので、アイコンをクリックします。

4 アイコンの一覧が表示されるので、
好きなアイコンを選択して［保存］ボ
タンをクリックします。

※「参照」をクリックして、パソコン
内にある画像をアイコンとして使
用することも可能です。

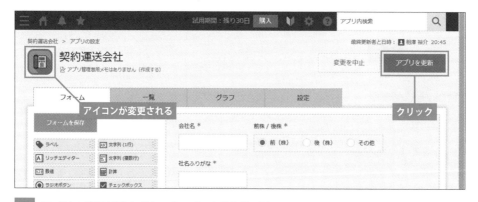

5 アプリの修正が済んだら、［アプリを更新］ボタンをクリックします。

アプリの削除

念のため、作成したアプリを削除するときの操作手順も紹介しておきます。アプリを削除するときは、🔧をクリックして「アプリの編集画面」を開き、［設定］タブにある「アプリを削除する」をクリックします。

図5-1　アプリの削除

kintoneの操作に慣れるまでは「**テスト用のアプリ**」を作成して、さまざまな操作の使い方を実際に試しながら覚えていくとよいでしょう。その後、「テスト用のアプリ」を削除すると、最初の状態に戻すことができます。

なお、アプリの削除を行うと、その**アプリに登録されているデータも一緒に削除されます**。大切なデータが保管されているアプリを間違って削除しないように十分に注意してください。

初めから用意されているアプリの削除

アプリの一覧には、「顧客リスト」や「ファイル管理」といったアプリが最初から用意されています。これらのアプリは練習用のアプリとして利用しても構いませんし、不要であれば削除しても構いません。

06 データの入力と閲覧

作成したアプリにはデータが1件も登録されていません。続いては、アプリにデータを入力したり、修正したりする方法を紹介します。いずれもkintoneの基本操作となるので、実際に手を動かしながら操作手順をよく把握しておいてください。

データの入力

作成したアプリにデータを入力するときは、以下の手順で操作します。

1 kintoneのポータル画面を開き、アプリをクリックして起動します。

2 アプリのデータ画面が表示されます。データを新たに追加するときは $+$ をクリックします。

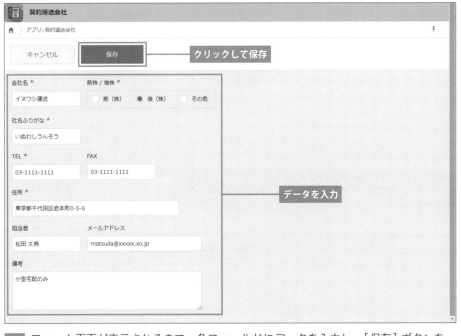

3 フォーム画面が表示されるので、各フィールドにデータを入力し、[保存] ボタンを
クリックします。

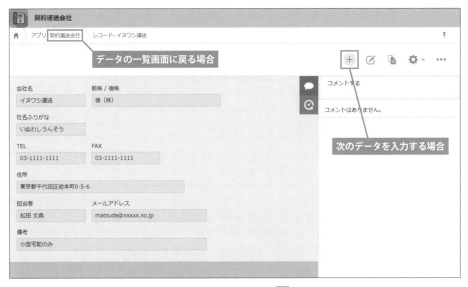

4 入力したデータが画面に表示されます。ここで ⊞ をクリックすると、次のデータを
続けて入力できます。元の画面に戻るときは「アプリ名」をクリックします。

　以上が、アプリにデータを登録するときの操作手順です。**フォーム画面**にデータを入力し
ていくだけなので、すぐに操作を覚えられると思います。もちろん、アプリの作成者ではない、
他のkintoneユーザーがデータを入力することも可能です。社内や部署内で情報を共有しなが
ら、データベースを構築できるのがkintoneの魅力です。

Chapter 1
Chapter 2
Chapter 3
Chapter 4
Chapter 5
Chapter 6

データの閲覧

続いては、アプリに登録した**データを閲覧する**ときの操作手順を示します。アプリに入力したデータは、以下の図のように表形式で一覧表示されます。ただし、列の幅が狭くて一部分しか表示されないフィールドもあります。この場合は、データの上へマウスを移動すると、データ全体をポップアップ表示できます。

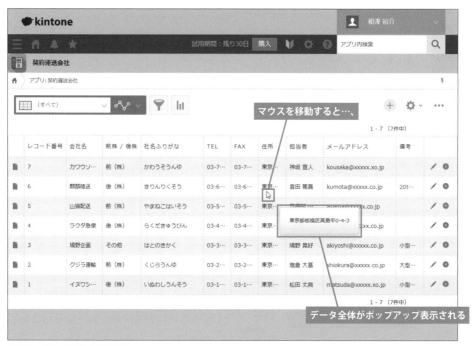

図6-1 データの一覧画面

データの並べ替え

データを数値順や50音順に並べ替えることも可能です。この場合は、並べ替えの基準にするフィールド名をクリックします。同じフィールド名をもう一度クリックすると、逆の順番に並べ替えられます。ただし、日本語のデータは文字コード順に並べ替えられるため、正しい50音順にするには「ふりがな」のフィールドを用意しておく必要があります。

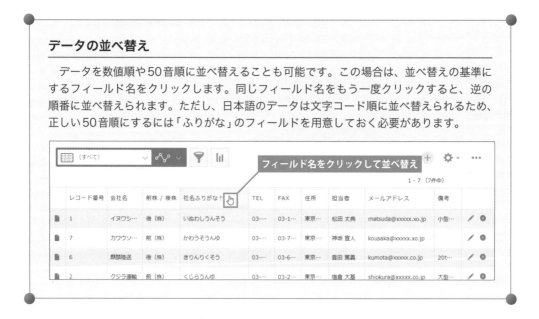

そのほか、フォーム画面にレコードを1件ずつ表示する方法も用意されています。各レコードのデータを詳しく見たいときは、各レコードの左端にある をクリックします。

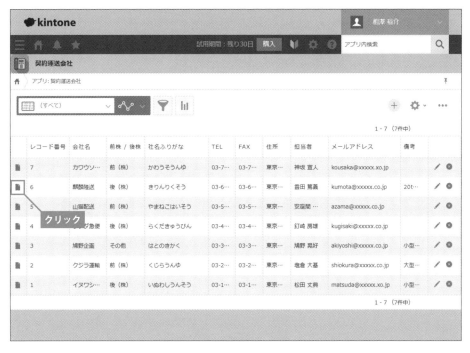

図6-2 レコードをフォーム画面で表示

データの修正

　続いては、入力済みの**データを修正する**ときの操作手順を解説します。データの一覧画面で修正するときは、各レコードの右端にある ✐ をクリックします。

図6-3　データの修正（一覧画面）

レコード番号の変更は不可

　「レコード番号」のフィールドには、データを登録した順番に1、2、3、……の数値が自動的に割り振られます。この番号を変更することはできません。なお、レコードを削除すると、その「レコード番号」は欠番として扱われるようになります。

テキストボックスの幅が狭く、修正作業を進めにくい場合もあるでしょう。このような場合はをクリックしてフォーム画面を開き、続いて☑をクリックすると、データの編集画面に切り替えることができます。

図6-4　データの修正（フォーム画面）

レコードの削除

不要になったデータ（レコード）を削除するときは、各レコードの右端にある■をクリックし、［削除する］ボタンをクリックします。

図6-5　レコードの削除（一覧画面）

フォーム画面でもレコードを削除できます。この場合は⋯をクリックし、「レコードを削除」を選択します。

図6-6　レコードの削除（フォーム画面）

なお、削除したレコードを復旧する機能は用意されていません。このため、レコードを削除するときは十分に注意しながら操作を進める必要があります。万一の場合に備えて、P81〜85に示す方法で定期的にデータをバックアップをとっておくとよいでしょう。

07 フォーム画面に使えるパーツ

P26〜32では「文字列」と「ラジオボタン」を使ってアプリを作成しましたが、この
ほかにもkintoneには多くのパーツが用意されています。続いては、フォーム画面で
使用できるパーツについて紹介していきます。

フォーム画面で使用できるパーツ

アプリの作成画面（フォームの編集画面）には数多くのパーツが
並んでいます。ここでは、各パーツの用途や使い方について簡単
にまとめておきます。アプリのフォーム画面を構成するときの参
考にしてください。

図7-1　フォーム画面で使用できるパーツ

文字や数値を入力できるパーツ

文字や数値を入力するためのパーツは、以下のようなものが用意されています。

■文字列（1行）

文字を入力するための**テキストボックス**を作成します。入力可能な文字数を制限したり、
初期値を指定したりすることも可能です。

フォーム画面

フィールドの設定画面

■ 文字列（複数行）

　複数行の文章も入力可能な**テキストボックス**を作成します。下端をドラッグしてテキストボックスの高さを変更することも可能です。

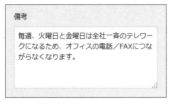

フォーム画面

フィールドの設定画面

■ リッチエディター

　文字サイズや文字色、行揃え、箇条書きなどの**書式を指定できる**テキストボックスを作成します。

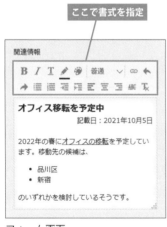

フォーム画面

フィールドの設定画面

■ 数値

数値のみを入力できる**テキストボックス**を作成します。単位を指定したり、数値の範囲（最小～最大）を制限したりすることも可能です。

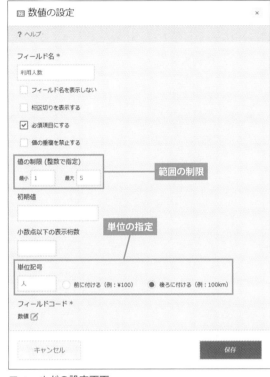

フォーム画面

フィールドの設定画面

■ ラベル

フォーム画面に文字を配置できるパーツです。データ入力用のパーツではありません。「注意書き」や「データの入力規則」などを記すときに利用します。

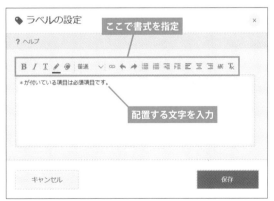

フォーム画面

フィールドの設定画面

Chapter 1
Chapter 2
Chapter 3
Chapter 4
Chapter 5
Chapter 6

選択肢を示すパーツ

続いては、データを**選択して入力**するためのパーツ（フィールド）を紹介していきます。

■ ラジオボタン

選択肢の中から項目を1つだけ選んで入力する**ラジオボタン**を作成します。選択肢の配置方法（縦／横）も指定できます。

フォーム画面

フィールドの設定画面

■ チェックボックス

該当する項目を選択する**チェックボックス**を作成します。複数の項目を選択する、何も選択しない、といった操作にも対応できます。

フォーム画面

フィールドの設定画面

■ 複数選択

一覧の中から複数の項目を選択できる**リストボックス**を作成します。チェックボックスと同じような機能を持つフィールドになります。

フォーム画面

フィールドの設定画面

■ ドロップダウン

一覧から項目を1つだけ選択する**ドロップダウン**を作成します。ラジオボタンと同じような機能を持つフィールドになります。

フォーム画面

フィールドの設定画面

■ユーザー選択

　kintoneに登録されている**ユーザー**を選択して入力するフィールドです。テキストボックス内に文字を入力すると、その文字を含むユーザーが表示されます。 をクリックして一覧からユーザーを選択することも可能です。

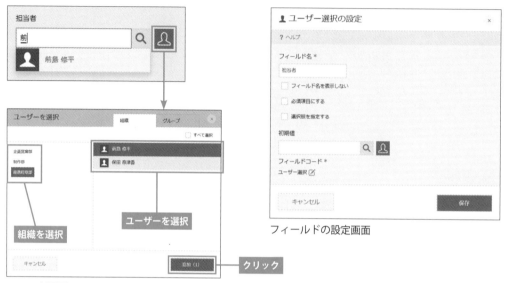

フォーム画面

フィールドの設定画面

■組織選択

　kintoneに登録されている**組織**を選択して入力するフィールドです。テキストボックス内に文字を入力すると、その文字を含む組織が表示されます。 をクリックして一覧から組織を選択することも可能です。

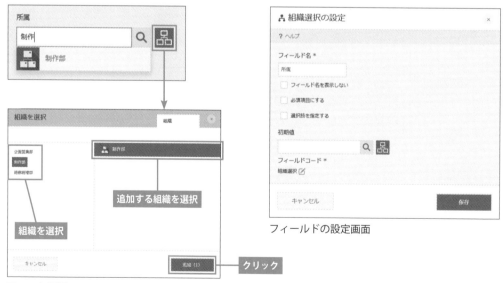

フォーム画面

フィールドの設定画面

Chapter 1

Chapter 2

Chapter 3

Chapter 4

Chapter 5

Chapter 6

■ グループ選択

kintoneに登録されている**グループ**を選択して入力するフィールドです。プロジェクトチームや役職、サークルなどのグループを指定する場合に活用できます。このフィールドを利用するには、あらかじめ「**cybozu.com共通管理**」でグループを登録しておく必要があります。

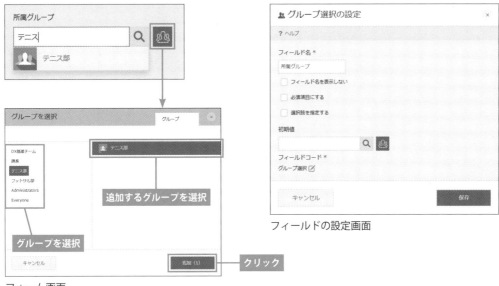

フィールドの設定画面

フォーム画面

日時を指定できるパーツ

■ 日付

カレンダーを使って**日付**を入力できるフィールドです。「レコード登録時の日付を初期値にする」をチェックしておくと、データ入力時の日付が自動入力されます。

フォーム画面

フィールドの設定画面

■ 時刻

一覧から**時刻**を選択して入力できるフィールドです。テキストボックス内に時刻を直接入力することも可能です。

フォーム画面

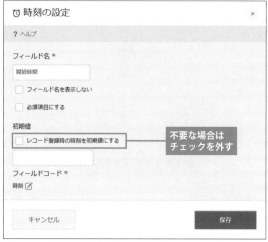

フィールドの設定画面

■ 日時

日付と**時刻**を組み合わせたフィールドを作成できます。

フォーム画面

フィールドの設定画面

フォーム画面のレイアウトを整えるパーツ

続いては、フォーム画面のレイアウトを整えるパーツについて紹介します。

■ スペース

フォーム画面に**余白**を挿入して、フィールドの配置を整える場合に利用します。右端や下端をドラッグして、余白のサイズを変更することも可能です。

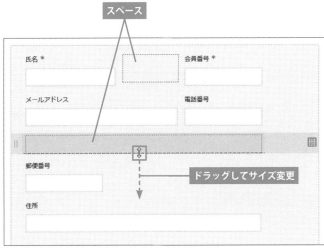

フォームの編集画面

■ 罫線

フォーム画面に**罫線**を描画できるパーツです。右端をドラッグして、罫線の長さを変更することも可能です。

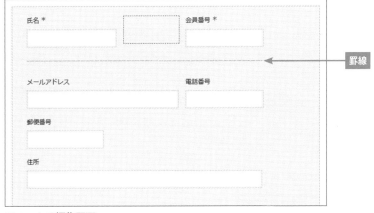

フォームの編集画面

Chapter 1
Chapter 2
Chapter 3
Chapter 4
Chapter 5
Chapter 6

■ グループ

複数のフィールドを**グループ**化して、開閉が可能な領域を作成するツールです。フォーム画面をコンパクトに表示したい場合などに活用できます。

フォーム画面

グループ化を行うときは、最初に「**グループ**」のパーツで領域を作成します。続いて、この領域内にフィールド（パーツ）をドラッグ＆ドロップして領域内の配置を整えます。

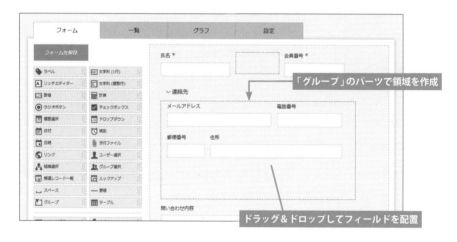

その後、「グループ」の設定画面を開き、「フィールド名」にラベル（グループ名）を入力します。このとき、「グループ内のフィールドを表示する」にチェックを入れておくと、最初から領域が開いた状態でフォーム画面を表示できます。

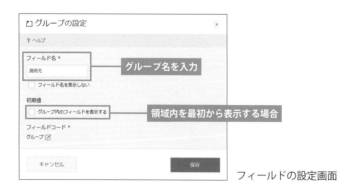

フィールドの設定画面

特別な機能を備えたパーツ

そのほか、特別な機能を備えたパーツとして、以下のようなパーツも用意されています。

■計算

他のフィールドに入力されている数値をもとに**自動計算**を行うフィールドです。この機能の使い方は、P108〜122で詳しく解説します。

■添付ファイル

各レコードに**添付ファイル**を追加できる機能です。この機能の使い方は、P71〜75で詳しく解説します。

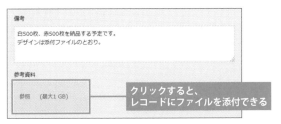

フォーム画面

■リンク

入力した文字が**リンク**として機能するテキストボックスを作成します。**URL**や**メールアドレス**、電話番号の入力欄に利用できます。ただし、設定画面で「入力値の種類」を指定しておく必要があります。

フォーム画面（データの閲覧）

フィールドの設定画面

Chapter 1
Chapter 2
Chapter 3
Chapter 4
Chapter 5
Chapter 6

■ 関連レコード一覧

指定した条件に合致する「他のレコード」をフォーム画面に一覧表示できる機能です。この機能の使い方は、P123〜127で詳しく解説します。

■ ルックアップ

他のアプリ（データベース）から該当するデータをピックアップできる機能です。この機能の使い方は、P128〜138で詳しく解説します。

■ テーブル

フォーム画面に表形式の入力欄を作成できる機能です。この機能の使い方は、P64〜70で詳しく解説します。

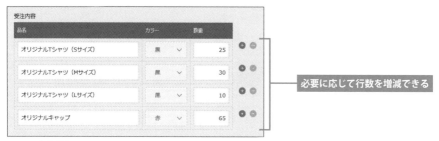

フォーム画面

レコードの情報を表示するパーツ

一覧の下部に並んでいる5つのパーツは、入力用のフィールドを作成するものではなく、各レコードの**レコード番号、作成者、作成日時、更新者、更新日時**といった情報をフォーム画面に表示したい場合に利用します。

図7-2　レコードの情報を表示するパーツ

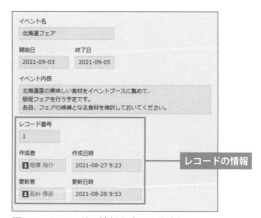

図7-3　レコードの情報を表示した例

Chapter 1

Chapter 2

Chapter 3

Chapter 4

Chapter 5

Chapter 6

08 一覧表示のカスタマイズと検索

続いては、「データの一覧表示」をカスタマイズする方法、ならびにデータの検索について解説します。一覧表示を見やすくするだけでなく、目的のデータをすぐに見つけられるように、それぞれの操作方法を覚えておいてください。

一覧に表示するフィールドの指定

アプリを開くと、登録されているデータが一覧表示されます。このとき、フィールド数が多いため、データの一部が省略して表示される場合もあります。

以下の図は「イベント用品のレンタル料金」をまとめたアプリ（データベース）ですが、「品名」が省略表示されているため、お世辞にも見やすい表とはいえません。このような場合は、各列を区切る縦線をドラッグすると、列の幅を変更できます。

図8-1 レンタル料金をまとめたアプリ

ほかにも、この一覧表には次のような問題点があると考えられます。

- **レコード番号** ……… kintoneが自動作成したフィールドであり、ユーザーにとって特に意味のあるデータではない。
- **備考** ………………… 数文字しか表示されない状態では、表示しても意味がない。
- **30日間** …………… アプリの作成時に「30日間」のフィールドを最後に追加したため、表の右端に配置されている。

このような場合は**一覧表示のカスタマイズ**を行うと、より見やすい表に仕上げられます。一覧表示をカスタマイズするときは、以下のように操作します。

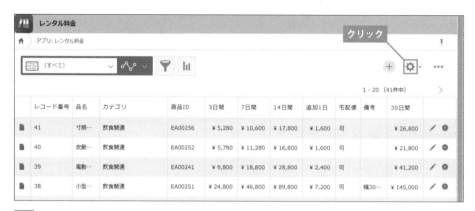

1 ⚙ をクリックして、アプリの設定画面を開きます。

2 ［一覧］タブを選択し、⊞ をクリックして「新しい一覧」を作成します。

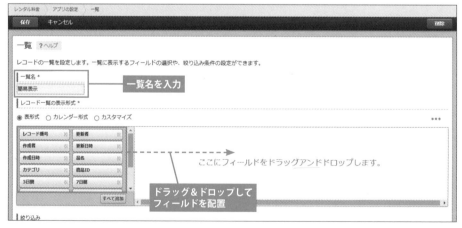

3 「一覧名」に適当な名前を入力します。続いて、各フィールドをドラッグ＆ドロップして、一覧に表示するフィールドを指定します。

4 フィールドの配置を指定できたら[保存]ボタンをクリックします。

フィールドの配置と削除

　配置したフィールドを左右にドラッグすると、並び順を変更できます。フィールドの配置を取り消すときは、そのフィールドの 🔧 から「削除」を選択します。

品名	商品ID		カテゴリ
文字列	文字列	❌ 削除	文字列
文字列	文字列		文字列
文字列	文字列		文字列
文字列	文字列		文字列
文字列	文字列		文字列

5 以上で、「新しい一覧」の作成は完了です。[アプリを更新]ボタンをクリックして、変更内容を保存します。

Chapter 1

Chapter 2

Chapter 3

Chapter 4

Chapter 5

Chapter 6

6 指定したフィールドだけを並べた状態で、データが一覧表示されます。フィールドを区切る縦線を左右にドラッグして、各列の幅を調整します。

　上記のように操作することで、必要なフィールドだけを配置した見やすい表にカスタマイズできます。同様の操作を繰り返して、複数の表示方法を用意しておくことも可能です。それぞれの表示方法は、画面左上のボックスを操作して切り替えます。

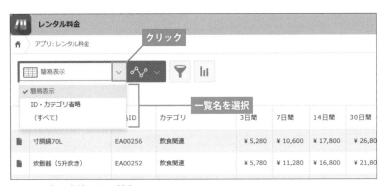

図8-2　表示方法の切り替え

表示件数の変更

　初期設定では、1画面に20件ずつレコードが表示されます。|…|から「表示件数」を選択すると、この表示件数を40件、60件、80件、100件に変更できます。

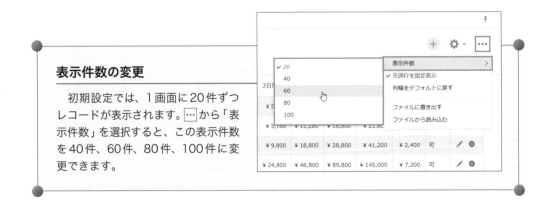

データの検索

レコードの数が20件以上になると、データの一覧が複数のページに分けて表示されます。前後のページには〈や〉をクリックすると移動できます。

図8-3　ページの移動

このようにデータ数の多いアプリでは、一覧から目的のデータを探すのではなく、**検索機能を利用すると便利です。**アプリ内のデータを検索するときは、右上のボックスに**キーワード**を入力して[Enter]キーを押します。

図8-4　キーワード検索

Chapter 1
Chapter 2
Chapter 3
Chapter 4
Chapter 5
Chapter 6

すると、以下の図のように検索結果が表示されます。この画面で各レコードのリンクをクリックすると、そのレコードのフォーム画面を表示できます。

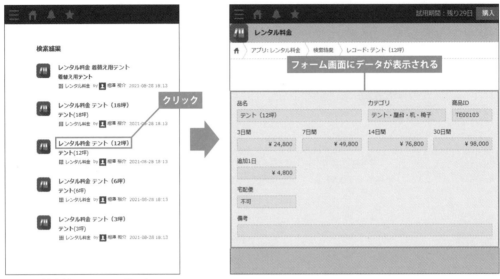

図8-5　検索結果とレコードの表示

フィルター機能

　検索機能は「選択肢から選んで入力するフィールド」などが検索対象にならないため、フィルターを使ったレコードの絞り込み方法も覚えておく必要があります。フィルターを使ってレコードを絞り込むときは、以下のように操作します。

1 ▽をクリックしてフィルターの設定画面を開きます。

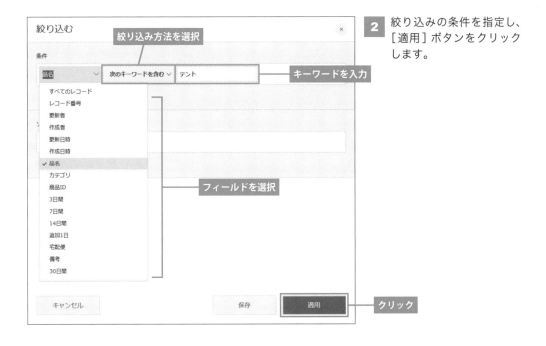

2 絞り込みの条件を指定し、[適用] ボタンをクリックします。

3 指定した条件に合うレコードだけが一覧表示されます。

フィルター条件を解除して元の一覧表示に戻すときは、画面左上のボックスで「一覧の表示方法」を選択しなおすか、もしくは🔻をクリックして条件に「**すべてのレコード**」を指定します。

図8-6　絞り込みの解除

フィルターに指定した条件を「**新しい一覧**」として保存する機能も用意されています。今度は「カテゴリ」のフィールドで絞り込み、「商品ID」の順番にレコードを並べ替えて表示する場合の操作手順を紹介します。

※「カテゴリ」のフィールドは「ドロップダウン」で作成されています（P47参照）。

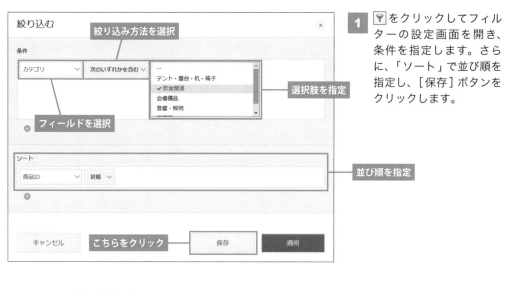

1 ▽をクリックしてフィルターの設定画面を開き、条件を指定します。さらに、「ソート」で並び順を指定し、[保存] ボタンをクリックします。

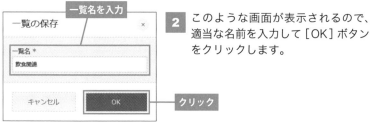

2 このような画面が表示されるので、適当な名前を入力して [OK] ボタンをクリックします。

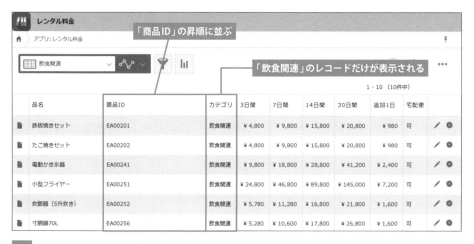

3 指定した条件、並び順でレコードが抽出されます。

Chapter 1

Chapter 2

Chapter 3

Chapter 4

Chapter 5

Chapter 6

［保存］ボタンをクリックした場合は、画面左上のボックスに「新しい一覧」としてフィルター条件が追加されます。このため、**一覧名**を選択するだけで、同様の絞り込み結果を呼び出せるようになります。

図8-7　表示方法の切り替え

一覧の管理

アプリに「一覧」として登録した表示方法は、いつでも修正/削除できます。これらの操作は、アプリの設定画面の［**一覧**］**タブ**で行います。

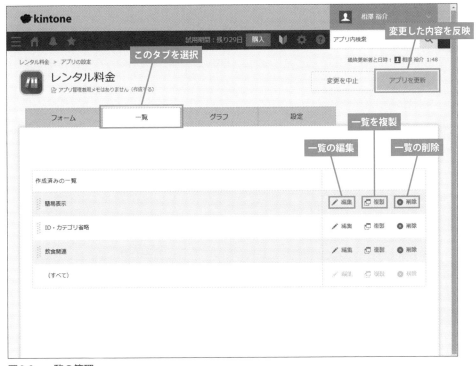

図8-8　一覧の管理

09 テーブルの活用

kintoneには、表形式でデータを入力できる「テーブル」という機能も用意されています。受注票や請求書などのアプリ（データベース）を作成する際に必須となる機能なので、必ず使い方を覚えておいてください。

テーブルとは？

データベースを構築するときは、各フィールドに1つずつデータを入力していくのが基本です。ただし、これだけでは都合が悪い場合もあります。たとえば、受注票をkintoneで管理する場合を考えてみましょう。この場合、「受注した商品」を各レコードに1件ずつ入力していく形にすると、何個ものレコードが必要になり、データの管理が複雑になってしまいます。「品名1」、「品名2」、「品名3」のように複数のフィールドを用意しておく方法もありますが、商品が同時にいくつ注文されるか分からない状態ではベストな解決法とはいえません。

図9-1　複数の入力欄（フィールド）を用意したアプリ

このような場合に活用できるのが**テーブル**です。テーブルを使うと、各レコードに「表」を作成することが可能となります。この表はデータ数に応じて行数を自由に増減できるため、データ数が不明な場合であっても最適な形でデータを管理できます。

必要な数だけ行を追加できる「テーブル」

図9-2　テーブルを活用したアプリ

もちろん、「受注票」以外の用途にもテーブルを活用できます。担当者が複数いる場合、各月の交通費を入力していく場合、進捗状況を追記していく場合など、さまざまな用途にテーブルを活用できると思います。必ず使い方を覚えておいてください。

テーブルの作成手順

テーブルを使用するときは、以下の手順でフォーム画面の編集作業を行います。もちろん、アプリを新たに作成するときだけでなく、既存のアプリを修正するときも、同様の手順でテーブルを追加することが可能です。

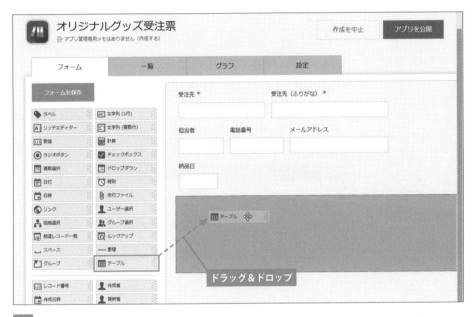

1 フォームの編集画面を開き、「テーブル」をドラッグ＆ドロップして配置します。

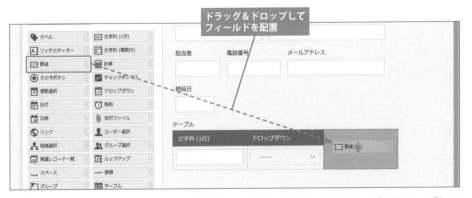

2 表の列（項目）となるフィールドを「テーブルの領域内」にドラッグ＆ドロップして配置していきます。

Chapter 1
Chapter 2
Chapter 3
Chapter 4
Chapter 5
Chapter 6

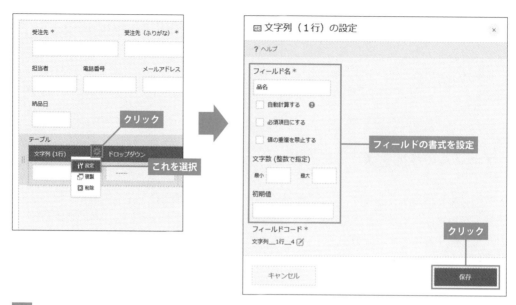

3 テーブル内に配置したフィールドの設定画面を開き、フィールド名などの項目を指定します。

4 すべてのフィールドについて書式を指定できたら、各列の幅を調整します。

5 最後にテーブルの書式を設定します。テーブルの ⚙ をクリックし、「テーブルの設定」を選択します。

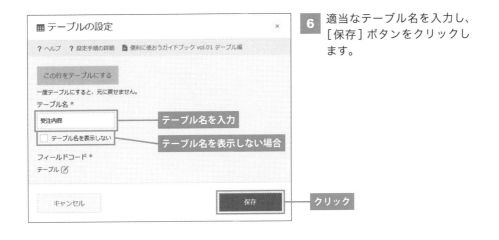

6 適当なテーブル名を入力し、[保存]ボタンをクリックします。

7 以上でテーブルの配置は完了です。[アプリを公開]ボタン（または[アプリを更新]ボタン）をクリックし、アプリの編集作業を終了します。

テーブル内に配置できないパーツ

　テーブル内には「文字列」や「数値」をはじめ、「ラジオボタン」、「リンク」など、たいていのパーツ（フィールド）を配置できます。ただし、以下のパーツをテーブル内に配置することはできません。

■テーブル内に配置できないパーツ
　ラベル、関連レコード一覧、スペース、罫線、グループ、テーブル

Chapter 1
Chapter 2
Chapter 3
Chapter 4
Chapter 5
Chapter 6

テーブルのデータ入力

　続いては、テーブルが配置されているアプリにデータを入力するときの操作手順を紹介します。まずは、1行目のデータを各フィールドに入力します。続いて、右端にある 🖢 をクリックすると、入力欄が1行追加され、2行目のデータを入力できるようになります。

図9-3　テーブルのデータ入力（1行目）

　同様の操作を繰り返して、**最大5,000行まで**行を追加していくことが可能です。データの入力が済んだら［**保存**］**ボタン**をクリックしてデータを保存します。

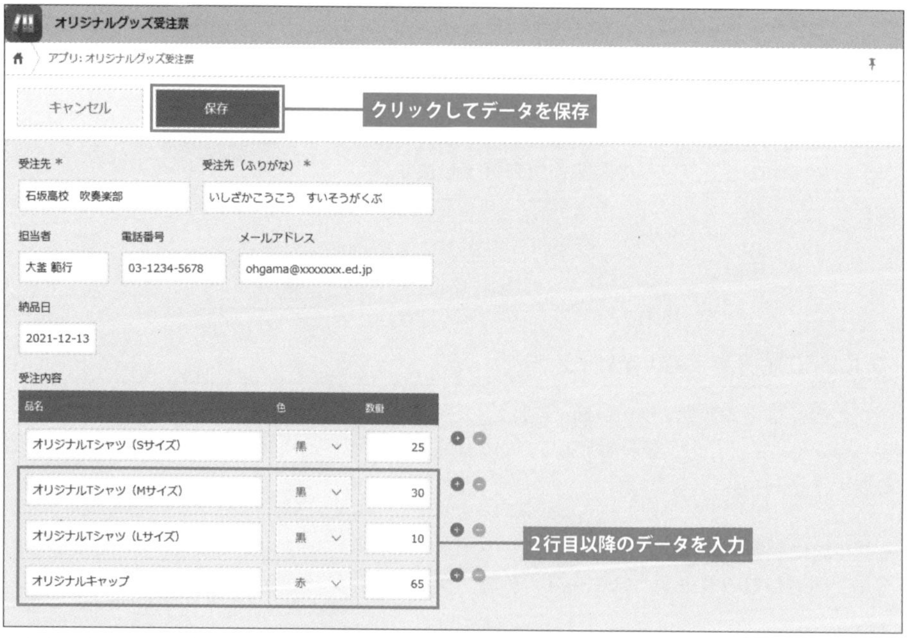

図9-4　テーブルのデータ入力（2行目以降）

テーブル内のデータの表示

テーブルを配置したアプリも「データの一覧表示」で各レコードの内容を確認できます。ただし、テーブル内に入力したデータは表示されません。

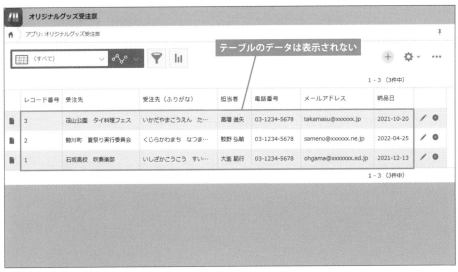

図9-5　データの一覧表示

テーブル内のデータを確認するには、■をクリックしてフォーム画面を開く必要があります。とはいえ、一覧表示の画面のままテーブル内のデータを確認したい場合もあるでしょう。このような場合は、P55〜58で解説した手順を参考に「データの一覧表示」をカスタマイズします。

図9-6　一覧表示のカスタマイズ

Chapter 1
Chapter 2
Chapter 3
Chapter 4
Chapter 5
Chapter 6

テーブル内のデータを閲覧可能にするには、（テーブル名）のフィールドを配置した一覧表を作成する必要があります。すると、「テーブル内のデータ」を開閉して表示できるようになります。

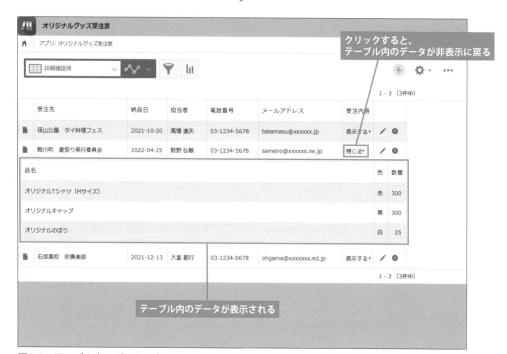

図9-7　テーブル内のデータの表示

10 添付ファイルの活用

kintoneには、各レコードにファイルを添付できる機能も用意されています。商品写真を添付する、WordやExcelで作成した資料を一緒に保存しておく、などの幅広い用途に活用できます。続いては「添付ファイル」の使い方を解説します。

添付ファイルのフィールド

各レコードに画像やWord、Excelなどのファイルを添付してkintoneサーバーに保存しておくことも可能です。この場合は「添付ファイル」のフィールドをフォーム画面に配置します。

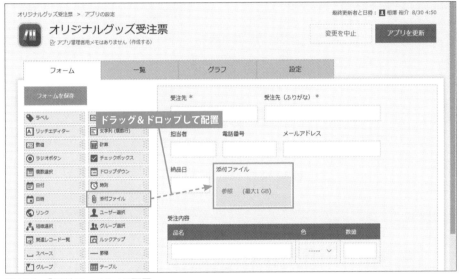

図10-1　「添付ファイル」の配置

「添付ファイル」のフィールドは**複数ファイル**にも対応しているため、「添付ファイル」のフィールドを何個も配置する必要はありません。「添付ファイル」の設定画面を開いて、**フィールド名**と**サムネイルのサイズ**（P73参照）を指定するだけで設置が完了します。

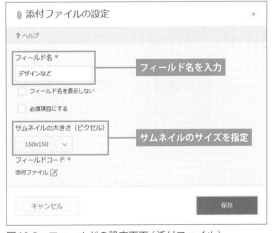

図10-2　フィールドの設定画面（添付ファイル）

Chapter 1
Chapter 2
Chapter 3
Chapter 4
Chapter 5
Chapter 6

添付ファイルのアップロード

続いては、各レコードにファイルを添付するときの操作手順を解説します。といっても、これは特に難しいものではありません。「**参照**」の文字をクリックし、添付（アップロード）するファイルを指定するだけです。

図10-3　ファイルのアップロード

複数のファイルを添付するときは、もういちど「**参照**」の文字をクリックし、添付するファイルを指定します。最後に［**保存**］ボタンをクリックすると、ファイルのアップロードが実行され、kintoneのサーバーにファイルが保存されます。

図10-4　添付ファイルの追加と保存

ドラッグ＆ドロップによるファイルの指定

ファイルのアイコンを「参照」の文字の上へドラッグ＆ドロップして、添付するファイルを指定することも可能です。

　画像ファイルを添付した場合は、その**サムネイル**が「フォーム画面」や「データの一覧画面」に表示されます。なお、一覧表示をカスタマイズしている場合は、「添付ファイル」のフィールドを一覧に追加しておくのを忘れないようにしてください。

図10-5　添付ファイルのサムネイル表示（画像ファイルの場合、フォーム画面）

図10-6　添付ファイルのサムネイル表示（画像ファイルの場合、一覧画面）

テーブル内に「添付ファイル」のフィールドを配置

「添付ファイル」のフィールドをテーブル内に配置することも可能です。この場合、テーブルの各行にファイルを添付できるため、「進捗状況」や「議事録」を管理する、といった用途にもkintoneを活用できます。

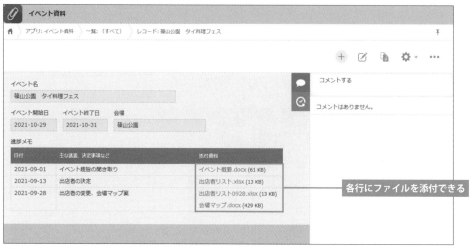

図10-7　「添付ファイル」を配置したテーブル

添付ファイルのダウンロード

kintoneのサーバーに保存されている添付ファイルをダウンロードすることも可能です。画像ファイルの場合は、サムネイルをクリックして画像を拡大表示し、■↓■をクリックするとファイルをダウンロードできます。

ここをクリックすると
ダウンロードできる

図10-8　添付ファイルの拡大表示とダウンロード（画像ファイルの場合）

WordやExcelのように画像以外のファイルは、ファイル名をクリックすると、添付ファイルをダウンロードできます。

ファイル名をクリックすると
ダウンロードできる

図10-9　添付ファイルのダウンロード

Chapter 1
Chapter 2
Chapter 3
Chapter 4
Chapter 5
Chapter 6

11 アプリの管理とアクセス権

kintone上に作成したアプリは、「実行可能な操作」と「実行不可の操作」をユーザーごとに変化させる「アクセス権」を設定できます。続いては、アプリのアクセス権について解説します。

アプリのアクセス権

kintoneは、「アプリを作成したユーザー」が**アプリの管理者**になる仕組みになっています。このため、ユーザーごとに実行可能な操作は異なります。データの入力や閲覧といった操作はどのユーザーでも実行できますが、**アプリの管理**を行えるのは「アプリを作成したユーザー」だけです。

具体的な例を示しておきましょう。以下は、「相澤 裕介」が作成したアプリを「城戸 浩明」のユーザーで開いた場合の例です。

図11-1　作成者以外のユーザーでアプリを開いた場合

この場合、ログインしているユーザー（城戸 浩明）は「アプリの作成者」でないため、のアイコンは表示されません。つまり、「フォーム画面の編集」や「一覧表示のカスタマイズ」といった操作を実行できないことになります。アプリの設定を変更するには、アプリの作成者である「相澤 裕介」に作業を依頼しなければなりません。

とはいえ、このような状況を不自由に感じる場合もあるでしょう。その一方で、他の部署に所属するユーザーもデータを修正できることに不安を感じるケースもあるでしょう。最悪の場合、間違ってデータを削除されてしまう恐れもあります。

このような状況に備えてアプリの**アクセス権**を変更しておくと、「実行可能な操作」と「実行不可の操作」をユーザーごとに区別できるようになり、アプリを適切に運用できます。

アプリのアクセス権の変更

それでは、各アプリのアクセス権を変更する手順を解説していきましょう。この操作は、アプリの管理者である「アプリを作成したユーザー」が行います。

1 アクセス権を変更するアプリを開き、⚙ をクリックします。

2 アプリの設定画面が表示されるので、［設定］タブを選択し、「アクセス権」の分類にある「アプリ」をクリックします。

Chapter 1
Chapter 2
Chapter 3
Chapter 4
Chapter 5
Chapter 6

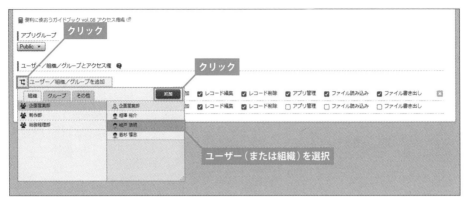

3 現在のアクセス権の設定が表示されます。■をクリックして新たにアクセス権を設定するユーザーを選択し、[追加]ボタンをクリックします。

4 そのユーザーが「実行可能な操作」にチェックを入れて、[保存]ボタンをクリックします。

5 アプリの設定画面に戻るので、[アプリを更新]ボタンをクリックして変更内容を反映します。

　上記のように設定を変更すると、「城戸 浩明」のユーザーもアプリの管理者になり、そのアプリに関する操作をすべて実行できるようになります。つまり、「相澤 裕介」と「城戸 浩明」の2人でアプリを管理することが可能となります。

念のため、各項目で指定できるアクセス権の内容について簡単に紹介しておきます。

レコード閲覧 ‥‥‥‥‥‥‥‥ レコード（データ）の閲覧を許可します。
レコード追加 ‥‥‥‥‥‥‥‥ 「新しいレコードの追加」を許可します。
レコード編集 ‥‥‥‥‥‥‥‥ 「既存のレコードの修正」を許可します。
レコード削除 ‥‥‥‥‥‥‥‥ 「既存のレコードの削除」を許可します。
アプリ管理 ‥‥‥‥‥‥‥‥‥ アプリの編集（ ⚙ から実行できる操作）を許可します。
ファイル読み込み ‥‥‥‥‥ レコードの一括追加や一括編集を許可します（P94参照）。
ファイル書き出し ‥‥‥‥‥ データのダウンロードなどの操作を許可します（P81参照）。
アクセス権の継承 ‥‥‥‥‥ 下位組織に所属するユーザーにも同じアクセス権を設定します。
　　　　　　　　　　　　　　※対象ユーザーに組織を指定した場合のみ表示されます。

　ちなみに、最初から表示されている「Everyone」は、すべてのkintoneユーザーを対象にしたアクセス権の設定となります。
　また、「組織」に対してアクセス権を設定することも可能です。図11-2のように指定した場合、「総務経理部」に所属するユーザーは、データの閲覧のみ実行可能になり、データの追加や修正は行えなくなります。

図11-2　組織を対象にしたアクセス権の設定

　このように、社内の状況に合わせて「アプリのアクセス権」を設定しておくと、アプリを適切に運用できるようになり、データの保全性を高めることが可能となります。

アクセス権の優先順位

　「Everyone」には「城戸 浩明」も含まれるため、図11-2のようにアクセス権を設定した場合、「城戸 浩明」のアクセス権が重複して設定されることになります。この場合、上に表示されているものほど優先順位は高くなります。つまり、「Everyone」よりも「城戸 浩明」の設定の方が優先順位は高くなるため、「城戸 浩明」は全操作を実行可能になります。
　同様に「総務経理部」と「Everyone」では、「総務経理部」の方が上に表示されているため、「総務経理部」に所属するユーザーは「レコード閲覧」のみ可能になります。

「システム管理者」と「一般ユーザー」

　続いては、kintone全般に関わる操作（設定変更など）の権限について補足しておきます。kintoneのユーザーは、大きく分けて「**システム管理者**」と「**一般ユーザー**」の2種類に分類できます。

システム管理者 ……… kintoneの設定変更、アプリの設定変更など、すべての操作を実行可能
一般ユーザー ………… 「システム管理者」や「アプリの作成者」が許可した操作のみ実行可能

　P6〜8に紹介した手順で「kintoneの試用を開始したユーザー」は「システム管理者」になるため、アクセス権の設定に関係なく、すべての操作を実行できます[※1]。一方、後から追加したユーザーは「一般ユーザー」として扱われます。このため、各ユーザーが実行可能な操作は、アクセス権の設定に応じて変化します。

（※1）厳密には、「システム管理者」よりもさらに権限のある「cybozu.com共通管理者」になります。このユーザーは、kintoneをはじめ、すべてのサイボウズ製品の管理者になります。P10〜20で解説した「cybozu.com共通管理」を利用できるのは、「cybozu.com共通管理者」だけです。

　なお、「一般ユーザー」として登録されたユーザーを「システム管理者」に変更することも可能です。この場合は、以下の手順でユーザーの権限を変更します。

① **ポータル画面の右上にある** ⚙ **をクリックし、「kintoneシステム管理」を選択します。**
②「**アクセス権**」のリンクをクリックします。
③ ［**追加する**］ボタンをクリックます。
④ **権限を変更するユーザーを選択**し、「**実行可能な操作**」にチェックを入れます。
⑤ ［**保存**］ボタンをクリックします。

図11-3 「システム管理者」に変更するときの操作手順

12　データのダウンロード

kintoneには、各アプリに登録したデータをCSV形式でダウンロードできる機能も用意されています。データのバックアップを保管しておく場合などに活用できるので、ぜひ使い方を覚えておいてください。

アプリに登録したデータのダウンロード

　ここでは、各アプリに登録したデータを**ダウンロード**する方法を解説します。アプリ内のデータをパソコンにダウンロードするときは、以下の手順で操作します。

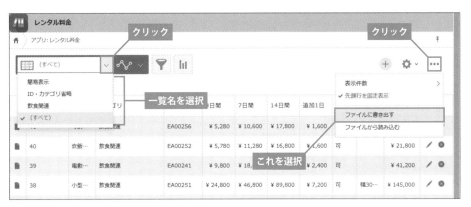

1　アプリの画面を開き、「データの一覧」の表示方法を選択します。続いて [...] をクリックし、「ファイルに書き出す」を選択します。

2　このような画面が表示されるので、出力するフィールドと並び順を指定してから [書き出す] ボタンをクリックします。

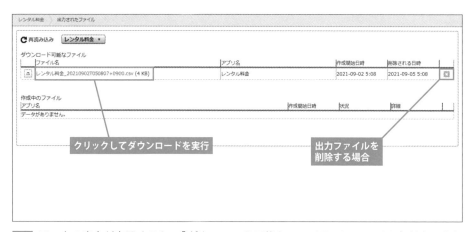

3 データの出力が開始されます。「作成中のファイル」に情報が表示されているときは、まだ出力が完了していません。「再読み込み」をクリックして画面を更新します。

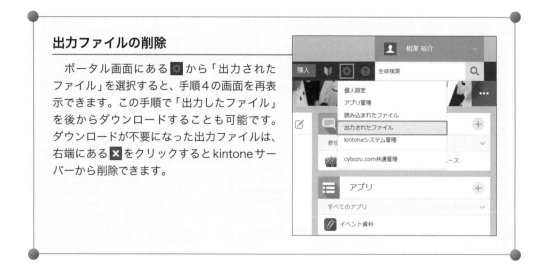

4 データの出力が完了すると、「ダウンロード可能なファイル」にファイル名が表示されます。このファイル名をクリックしてパソコンにデータをダウンロードします。

出力ファイルの削除

　ポータル画面にある ⚙ から「出力された
ファイル」を選択すると、手順4の画面を再表
示できます。この手順で「出力したファイル」
を後からダウンロードすることも可能です。
ダウンロードが不要になった出力ファイルは、
右端にある ✖ をクリックするとkintoneサー
バーから削除できます。

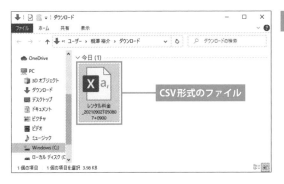

5 ダウンロード先のフォルダーを開くと、CSV形式でデータがダウンロードされているのを確認できます。

なお、ここで解説した操作を実行できるのは、

- ・システム管理者
- ・アプリの作成者
- ・アクセス権の変更により「ファイル書き出し」を許可されているユーザー

に限定されています。他の「一般ユーザー」は、セキュリティの観点から上記の操作を実行できないことに注意してください。

ダウンロードしたファイルの閲覧

ダウンロードしたファイルは、**CSV形式のファイル**としてパソコンに保存されます。このファイルは、Excelなどを使って閲覧、編集することが可能です。

	A	B	C	D	E	F	G	H	I	J	K	L	M	N	O
1	レコード番	商品名	カテゴリ	商品ID	3日間	7日間	14日間	追加1日	宅配便	備考	30日間				
2	41	寸胴鍋70L	飲食関連	EA00256	5280	10600	17800	1600	可		26800				
3	40	炊飯器 (5	飲食関連	EA00252	5780	11280	16800	1600	可		21800				
4	39	電動かき米	飲食関連	EA00241	9800	18800	28800	2400	可		41200				
5	38	小型フライ	飲食関連	EA00251	24800	46800	89800	7200	可	幅30cm×	145000				
6	37	餅つき機	飲食関連	EA00621	11800	24800	36800	4000	不可		48800				
7	36	和太鼓セ	会場備品	KB00601	12800	24800	38800	3800	不可	1尺2寸サ	49800				
8	35	プロジェ	会場備品	KB00351	8900	15800	29800	3200	可		42800				
9	34	イーゼル具	会場備品	KB00301	2580	5080	8480	780	可		12800				
10	33	着替え用テ	テント・居	TE00401	3800	7800	12800	1000	可		19800				
11	32	テント (1	テント・居	TE00104	36800	72800	10800	7500	不可		152000				
12	31	延長コード	会場備品	KB00268	480	890	1380	150	可		2280				
13	30	ガソリン扌	会場備品	KB00905	1480	2880	4880	290	可		6880				
14	29	発電機	会場備品	KB00901	14800	28800	54800	4900	不可	出力26A	98800				
15	28	簡易ステー	会場備品	KB00801	5800	11800	19800	1400	不可	幅2m×奥	26200				
16	27	わたがし物	飲食関連	EA00301	9800	19800	31800	2400	可	組み立て式	43800				
17	26	お祭り屋台	飲食関連	EA01001	54000	98000		16800	不可	暖簾の種類は	「やきそば」	「たこ焼き」	「フランクフルト」	「綿菓子	
18	25	紅白幕	会場備品	KB00701	2780	5280	7880	500	可	幅9m×高	11800				

図12-1　ダウンロードしたファイルをExcelで開いた例

CSVファイルとは？

CSVファイルはテキストファイルの一種で、データを「,」（カンマ）と「改行」で区切って保存する仕組みになっています。このため、CSVファイルの内容をテキストエディターで確認することも可能です。この場合は、各レコードが「改行」で区分され、その中にある各フィールドのデータが「,」で区切って表示されます。

ここで紹介した手順で「ファイルの出力」&「ダウンロード」を定期的に行っておけば、データを間違って削除してしまった場合などに、ダウンロードしたファイルを「復旧用のデータ」（バックアップファイル）として活用できます。

そのほか、インターネットに接続できない場所でデータを閲覧したい場合にも、ダウンロードしたCSVファイルが活用できます。ただし、ノートパソコンなどにCSVファイルを保存して持ち歩くときは、情報の漏えいが起きないように、そのセキュリティに十分配慮する必要があります。

ファイル出力時の注意点

最後に、アプリのデータをCSVファイルに出力するときの注意点を紹介しておきます。

■出力されるフィールドは「データの一覧表示」に準ずる

データの出力機能は、「データの一覧表示」に合わせて「出力するフィールド」が自動指定されます。このため、必ずしも全データ（全フィールド）が出力されるとは限りません。「データの一覧表示」をカスタマイズしている場合は、一覧名に（すべて）を選択してから作業を始めるか、もしくは「出力するフィールド」を自分で指定しなおす必要があります（P81の手順1～2参照）。

■アプリ内でテーブルを利用している場合

アプリ内にテーブルを配置している場合も注意が必要です。この場合は、図12-2のように1つのレコードが複数行にわたって出力されます。

図12-2 「テーブルを含むアプリ」のデータをダウンロードした場合

　「レコードの開始行」に「*」が表示されている行が各レコードの始点になります。以降に続く行は同じレコードのデータで、ここには**テーブルの2行目以降のデータ**が出力されています。「レコードの開始行」に「*」が再び登場すると、その行から**新しいレコード**が始まる、と考えます。

　このフォーマットは、CSVファイル（またはExcelファイル）から「テーブルを含むデータ」を読み込むときにも共通するルールとなるので、その仕組みをよく理解しておいてください。

■添付ファイルは出力されない

　CSVファイルはテキストファイルの一種になるため、各レコードの**添付ファイル**を出力することはできません。このため、添付ファイルを利用しているアプリのバックアップを作成するときは、添付ファイルを個別にダウンロードし、自分で管理しておく必要があります。

■コメントは出力されない

　各レコードに書き込んだ**コメント**（P176～177参照）は、CSVファイルに出力されません。重要なコメントが記されている場合は、コメント文をコピー＆ペーストして何らかのファイルに保存する、APIを使ってコメント文を出力する、などの方法で自分でバックアップを作成しておく必要があります。

13 Excelでアプリを作成・更新

kintoneには、Excelファイルを基にアプリを作成する機能も用意されています。また、Excelファイルを使って既存のアプリのデータを更新することも可能です。続いては、Excelファイルを活用する方法について解説します。

「ふりがな」のフィールドの作成

業務に使用するデータをExcelで管理している場合は、そのExcelファイルを基にkintoneアプリを作成することも可能です。アプリをゼロから作成する場合に比べてデータ入力の手間を大幅に簡略化できるので、ぜひ使い方を覚えておいてください。

図13-1 アプリの基となるデータ

Excelファイルを基にアプリを作成するときは、表の先頭行を**フィールド名**、以降の行を**各レコードのデータ**という形に整形しておきます。Excelからkintoneに引き継がれるのは「各セルに入力されているデータ」だけです。フォントや背景色などの書式は無視されます。このため、各セルに記録されている「**ふりがな**」も無視されてしまうことに注意する必要があります。

kintone上に作成したアプリでもデータを50音順に並べ替えたいときは、**PHONETIC関数**を使って「ふりがな」の列を用意しておく必要があります。

図13-2 PHONETIC関数を使った「ふりがな」の作成

Chapter 1
Chapter 2
Chapter 3
Chapter 4
Chapter 5
Chapter 6

PHONETIC関数は、参照しているセルの「ふりがな」を自動取得するExcel関数です。この関数をオートフィルでコピーすると、すべてのレコードに「ふりがな」を用意できます。

図13-3 「ふりがな」の列を追加した表

Excelファイルを基にアプリを作成

準備ができたらExcelファイルを保存し、以下の手順でアプリを作成します。

1 ポータル画面を表示し、⊞ をクリックして新しいアプリの作成を開始します。

2 アプリの作成方法に「Excelを読み込んで作成」を選択します。

CSVファイルを基にアプリを作成する場合

バックアップ用にダウンロードしたkintoneアプリのデータなど、CSVファイルを基にアプリを作成するときは、「CSVを読み込んで作成」を選択します。

3 このような画面が表示されるので、[作成を開始する] ボタンをクリックします。

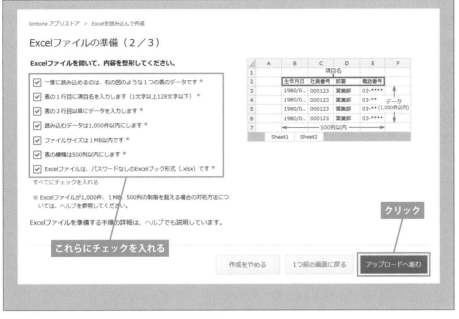

4 続いて、注意事項が表示されます。各項目にチェックを入れてから[アップロードへ進む]ボタンをクリックします。

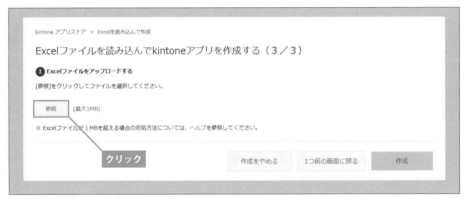

5 Excelファイルのアップロード画面が表示されます。[参照]ボタンをクリックします。

6 アプリの基となるExcelファイルを選択し、[開く]ボタンをクリックします。

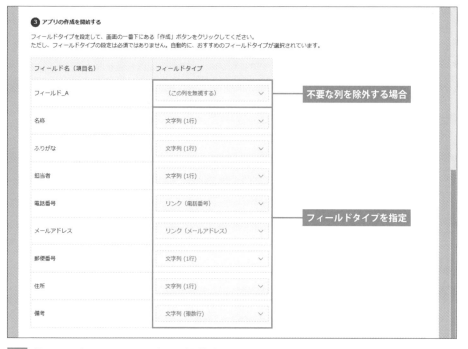

7 アップロードが完了すると、データのプレビューが表示されます。ここでデータが正しく読み込まれているかを確認します。

8 続いて、各フィールドのタイプを指定していきます。不要な列がある場合は、フィールドタイプに（この列を無視する）を指定します。

フィールドタイプの変更は不可

　ここで指定したフィールドタイプを後から変更することはできません。各フィールドにはkintoneが自動識別したフィールドタイプが表示されますが、これが必ずしも適切であるとは限りません。各フィールドの内容をよく確認しながら慎重に作業を進めてください。

Chapter 1
Chapter 2
Chapter 3
Chapter 4
Chapter 5
Chapter 6

9 すべての項目についてフィールドタイプを指定できたら、[作成] ボタンをクリックします。

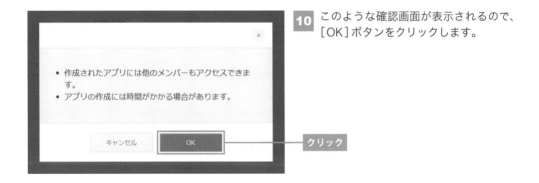

10 このような確認画面が表示されるので、[OK] ボタンをクリックします。

11 ポータル画面にアプリが追加されます。この「アプリ名」をクリックしてアプリを開きます。

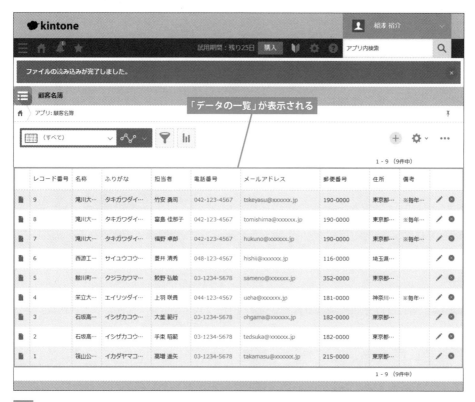

12 アプリに登録されているデータが一覧表示されます。

関数や数式が入力されたセルの処理

　今回の例では、PHONETIC 関数を使って「ふりがな」のフィールドを作成しました。このように、数式や関数が入力されているセルは、その結果（計算結果）だけがkintoneに反映されます。kintoneのアプリ内で計算を行うには、P108〜122で解説する方法で、自分で数式や関数を入力する必要があります。

　以降の操作手順は、これまでに解説してきたアプリの操作手順と同じです。一覧の左端にある■をクリックすると、各レコードの詳細（フォーム画面）を表示できます。ただし、Excelからアプリを作成した場合は、各フィールドが縦一列に並べて配置されるため、あまり見やすくありません。

図13-4　初期状態のフォーム画面

　フォーム画面を見やすくするには、⚙をクリックしてアプリの編集画面を開き、各フィールドの位置やサイズを整える必要があります。また、この際に「アプリ名」や「アプリのアイコン」を変更したり、各フィールドの設定を変更したりすることも可能です。

図13-5　フォーム画面の編集（レイアウト変更）

　以上が、Excelからアプリを作成するときの基本的な流れとなります。データを1件ずつ入力していく必要がないため、手軽にアプリを作成できると思います。仕事に使うExcelファイルが手元にある方は、ぜひ試してみてください。

Excelファイルを活用したデータの追加／修正

　続いては、Excelファイルを使って既存のアプリにレコードを追加したり、データを修正したりする方法を解説します。

　ここでは、先ほど作成したアプリのデータを更新する場合を例に操作手順を解説します。今回は「名称」のフィールドを**一括更新のキー**にするので、以下の手順で「名称」のフィールドの「**値の重複を禁止する**」にチェックを入れておきます。

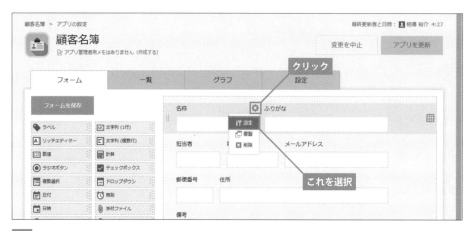

1 アプリの編集画面を開き、「名称」のフィールドの設定画面を呼び出します。

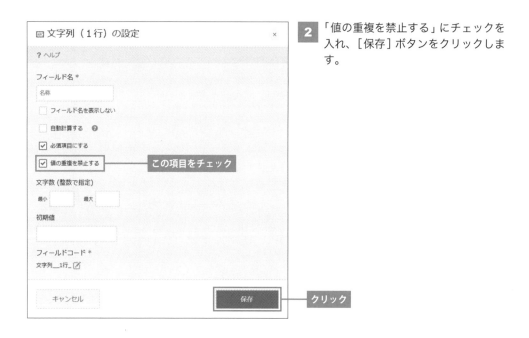

2 「値の重複を禁止する」にチェックを入れ、[保存] ボタンをクリックします。

　これで「名称」のフィールドを**一括更新のキー**に指定できるようになりました。続いては、データ更新用のExcelファイルを用意します。今回は、次ページに示したような表を用意しました。

図13-6　データ更新用に用意したExcelファイル

　この表にある「前半の3行のデータ」は、すでにアプリに登録されているレコードです。これらのレコードは、各フィールドのデータがExcel内のデータに修正されます。一方、「後半の3行のデータ」は、新規に追加するレコードになります。それでは、詳しい操作手順を解説していきましょう。

1　データを更新するアプリを開き、 を クリックして「ファイルから読み込む」を選択します。

2　Excelファイルのアップロード画面が表示されます。［参照］ボタンをクリックします。

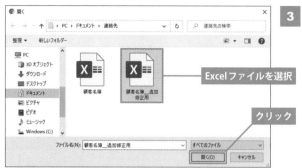

3 データ更新用のExcelファイルを選択し、[開く] ボタンをクリックします。

Excelファイルを選択

クリック

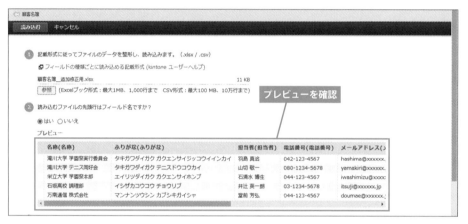

プレビューを確認

4 アップロードが完了すると、データのプレビューが表示されます。ここでデータが正しく読み込まれているかを確認します。

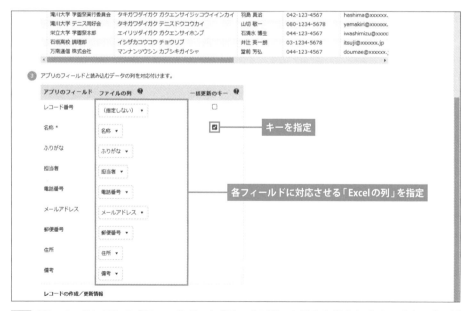

キーを指定

各フィールドに対応させる「Excelの列」を指定

5 続いて、それぞれの「フィールド」と「Excelの列」の対応を指定します。また、「一括更新のキー」に「名称」のフィールドを指定します。

6 以上で、データ更新の設定は完了です。[読み込む]ボタンをクリックします。

7 このような確認画面が表示されるので、[OK]ボタンをクリックします。

	レコード番号	名称	ふりがな	担当者	電話番号	メールアドレス	郵便番号	住所	備考		
	12	鴨牧 青年部	カモマキ セ…	朝山 和徳	042-123-4567	asayama@xxx…	202-0000	東京…		/	⊗
	11	万南通信 株式会社	マンナンツ…	堂前 芳弘	044-123-4567	doumae@xxxx…	213-0000	神奈…		/	⊗
	10	石坂高校 調理部	イシザカコ…	井辻 英一朗	03-1234-5678	itsuji@xxxxxx.jp	182-0000	東京…		/	⊗
	9	滝川大学 テニス同好会	タキガワダ…	山切 敬一	080-1234-5678	yamakiri@xxx…	190-0000	東京…	※毎…	/	⊗
	8	滝川大学 学園祭実行…	タキガワダ…	羽島 真治	042-123-4567	hashima@xxxx…	190-0000	東京…	※毎…	/	⊗
	7	滝川大学 映画部	タキガワダ…	福野 卓郎	042-123-4567	hukuno@xxxx…	190-0000	東京…	※毎…	/	⊗
	6	西游工業 株式会社	サイユウコ…	菱井 清秀	048-123-4567	hishii@xxxxxx.jp	116-0000	埼玉…		/	⊗
	5	鯨川町 夏祭り実行委…	クジラカワ…	鮫野 弘敏	03-1234-5678	sameno@xxxx…	352-0000	東京…		/	⊗
	4	栄立大学 学園祭本部	エイリツダ…	石満水 博生	044-123-4567	iwashimizu@x…	181-0000	神奈…	※毎…	/	⊗
	3	石坂高校 吹奏楽部	イシザカコ…	大釜 範行	03-1234-5678	ohgama@xxxx…	182-0000	東京…		/	⊗

ファイルの読み込みが完了しました。

顧客名簿

アプリ: 顧客名簿

（すべて）　　　1 - 12（12件中）

レコードが追加される

データが修正される

8 データの更新が実行され、データの修正／追加が行われます。

　今回の例では、「名称」のフィールドを**一括更新のキー**に指定しました。この場合、アプリとExcelで「名称」のデータが比較され、その結果に応じて以下のように処理が行われます。

・既存のレコードに同じデータがある場合 ……………… レコードのデータを修正
・既存のレコードに同じデータがない場合 ……………… 新しいレコードを追加

たとえば、「栄立大学 学園祭本部」は既存のレコードに同じ「名称」があるため、データの修正が行われます。一方、「石坂高校 調理部」は既存のレコードに同じ「名称」がないため、新しいレコードが作成されます。

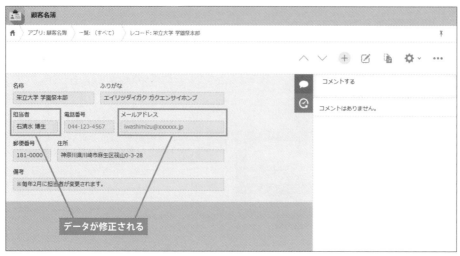

図13-7　データが修正されたレコード

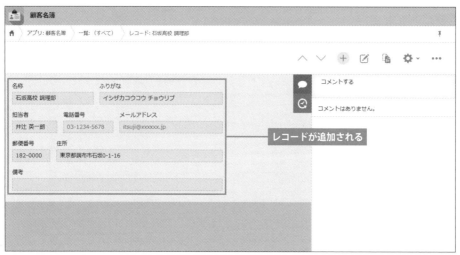

図13-8　新たに追加されたレコード

　なお、上記の例では「名称」のデータに半角スペースが含まれていますが、これを全角スペースで記述すると別の文字とみなされてしまいます。つまり、半角／全角が異なると、「データの修正」ではなく、「新しいレコードの追加」として処理されることになります。データ内にスペースを含める場合は、その半角／全角にも注意するようにしてください。

　こういったトラブルを避けたいのであれば、P81～83で解説した手順でアプリのデータをダウンロードし、ダウンロードしたCSVファイルでデータを修正／追加するのも一つの手です。

Chapter 1

Chapter 2

Chapter 3

Chapter 4

Chapter 5

Chapter 6

図13-9　ダウンロードしたCSVファイルの編集

　その後、「レコード番号」を**一括更新のキー**に指定して「ファイルから読み込む」を実行すると、同様の結果を得られます。

図13-10　一括変更のキーに「レコード番号」を指定

　どちらの方法がスムーズに作業を進められるかは状況に応じて変化するので、各自が作業しやすいと思う方法でデータの更新を行ってください。**一括更新のキー**が果たす役割を理解できていれば、どちらの方法でも問題なくデータを更新できるはずです。

テーブルを含む場合は？

「ファイルから読み込む」の機能を使って、**テーブル**を含むアプリのデータを更新することも可能です。この場合は、「**レコードの開始行**」という列を用意し、「**＊**」で各レコードの始点を示しておく必要があります。テーブル以外のフィールドは、各行に同じデータを入力するか、もしくは2行目以降を空白にしておきます。

	A	B	C	D	E	F	G
1	レコードの開始行	発注主	日付	品名	単価	数量	小計
2	*	栄立大学 学園祭本部	2021/9/3	オリジナルTシャツ	¥1,500	20	¥30,000
3		栄立大学 学園祭本部	2021/9/3	オリジナルキャップ	¥980	20	¥19,600
4		栄立大学 学園祭本部	2021/9/3	オリジナルのぼり	¥680	10	¥6,800
5	*	石坂高校 調理部	2021/9/6	オリジナルTシャツ	¥1,500	10	¥15,000
6		石坂高校 調理部	2021/9/6	のぼり「ラーメン」	¥500	4	¥2,000
7	*	西游工業 株式会社	2021/9/8	オリジナルTシャツ	¥1,500	25	¥37,500
8				オリジナルキャップ	¥980	25	¥24,500
9				オリジナルてぬぐい	¥1,200	25	¥30,000

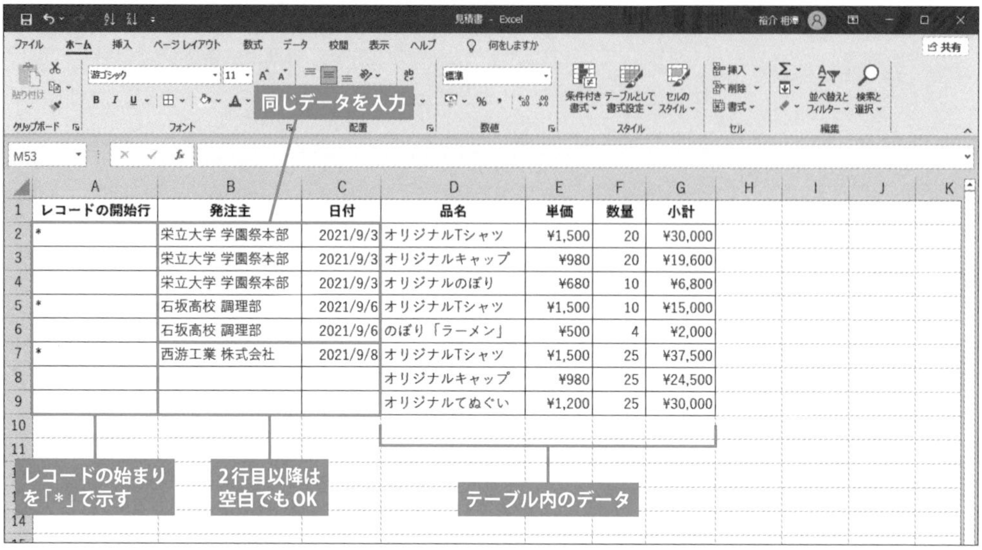

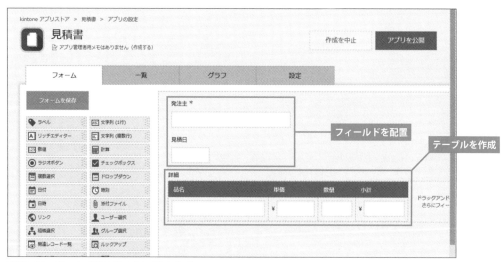

図13-11　フォーマットに従ってデータを作成

テーブルを含むアプリの場合、Excelファイル（CSVファイル）から「新しいアプリ」を作成することはできません。既存のアプリにファイルを読み込んで利用します。新たにアプリを作成するときは、適切なフィールドを配置したアプリをあらかじめ自分で作成しておく必要があります。

図13-12　データを読み込むアプリの作成

アプリを準備できたら、「ファイルから読み込む」の作業を開始します。テーブル内にある
フィールドは、（テーブル名）＞（フィールド名）という形で表示されるので、ここに対応さ
せる「Excelの列」を指定します。

図13-13 「テーブル内のフィールド」と「Excelの列」の対応

以降の操作手順は、通常のファイルを読み込む場合と同じです。無事に読み込みが完了す
ると、テーブル内のフィールドを含めて、それぞれのデータが正しく更新/追加されている
のを確認できると思います。

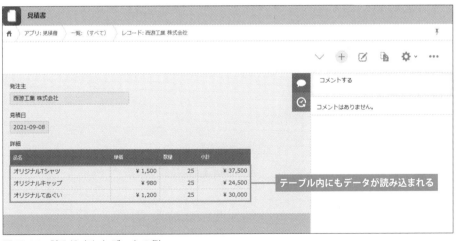

図13-14 読み込まれたデータの例

テーブルを含むアプリのデータ更新は、少し難しい部分もあります。慣れるまでは「実験
用のアプリ」を作成し、そこにデータを読み込んでみる、などの方法で動作を十分に確認し
てから実務に活かすようにしてください。

Chapter 1
Chapter 2
Chapter 3
Chapter 4
Chapter 5
Chapter 6

14 フィールドの追加・削除・変更

続いては、既存のアプリにフィールドを追加したり、削除したりするときの注意点
について解説します。また、フィールドの種類（フィールドタイプ）を変更するテク
ニックも紹介しておきます。

フィールドの追加

アプリの利用を開始した後に、「この項目も用意しておけばよかった」と気付く場合もある
と思います。このような場合は、アプリの編集画面を開き、各パーツをドラッグ＆ドロップ
して配置すると、アプリに「新しいフィールド」を追加できます。

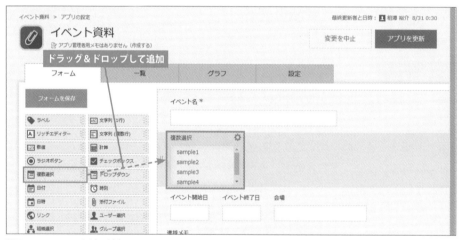

図14-1　フィールドの追加

もちろん、テーブル内にフィールドを追加することも可能です。この場合は、テーブル内
にパーツをドラッグ＆ドロップします。

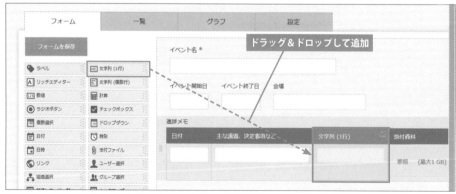

図14-2　テーブル内にフィールドを追加

その後、⚙ から「設定」を選択してフィールドの設定を行い、全体のレイアウトを整えると、フィールドの追加が完了します。注意すべき点は特にありません。

フィールドの削除

不要になったフィールドをアプリから削除することも可能です。この操作手順は、そのフィールドの ⚙ から「削除」を選択するだけです。テーブル内のフィールドも同様の手順で削除できます。

図14-3　フィールドの削除

ただし、そのフィールドに入力されていた**データも一緒に削除される**ことに注意しなければいけません。削除したフィールドを復旧する機能は用意されていないので、慎重に作業を進める必要があります。

フィールドタイプの変更について

現在のデータを維持したまま、**フィールドタイプ**だけを変更したい場合もあると思います。たとえば、P26 〜 34で作成したアプリは「メールアドレス」の項目を「文字列（1行）」のフィールドで作成したため、このフィールドはリンクとして機能してくれません。

図14-4　「文字列（1行）」で作成したメールアドレス

このような場合に、「文字列（1行）」→「リンク」といったフィールドタイプの変更ができ
ればよいのですが、残念ながら**フィールドタイプを後から変更する**機能は用意されていませ
ん。フィールドタイプは、フィールドを配置するときに指定するのが基本です。

とはいえ、アプリの運用を開始した後にフィールドタイプを変更したくなる場合もあるで
しょう。そこで、現在のデータを維持したまま、フィールドタイプを変更するテクニックを
紹介しておきます。

まずは、P81 ～ 85で紹介した手順でアプリのデータをダウンロードします。このとき、
[**すべて追加**]ボタンをクリックして、「レコード番号」や「更新者」、「更新日時」などを含む、
すべてのフィールドのデータをダウンロードするように設定します。

図14-5　アプリのデータのダウンロード

データをダウンロードできたら、次は「新しいアプリ」を作成します。ここでは、アプリの
作成方法に「**ほかのアプリを再利用**」を選択します。

図14-6　新しいアプリの作成方法

続いて、再利用するアプリ（先ほどデータをダウンロードしたアプリ）を選択すると、その
アプリと同じフィールド配置で「新しいアプリ」を作成できます。

Chapter 1

Chapter 2

Chapter 3

Chapter 4

Chapter 5

Chapter 6

　たとえば、「契約運送会社」というアプリを再利用すると、「契約運送会社 – コピー」という名前で「新しいアプリ」が作成されます。このアプリ名を適当な名前に変更します。その後、フィールドの差し替えを行います。今回は「TEL」と「メールアドレス」のフィールドタイプを「リンク」に変更したいので、これらのフィールドを削除します。

図14-7　タイプを変更するフィールドの削除

　代わりに「リンク」のフィールドを配置し、フィールドの設定画面を開きます。

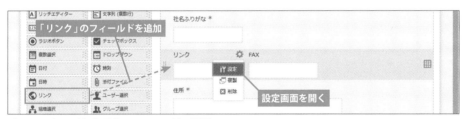

図14-8　タイプを変更するフィールドの配置

　「リンク」のフィールドを利用するときは、「入力値の種類」を指定しておく必要があります。適切な種類を指定し、フィールド名を入力します。

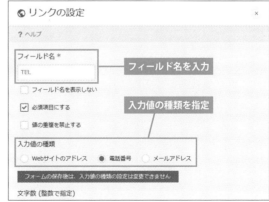

図14-9　配置した「リンク」のフィールド設定

　同様の手順で「メールアドレス」のフィールドも「リンク」に差し替えて、新しいアプリの作成を完了します。

「新しいアプリ」を作成できたら、「ファイルから読み込む」を使って「先ほどダウンロードしたデータ」（CSVファイル）を読み込みます。念のため、各フィールドの対応を確認し、「**一括更新のキー**」のチェックを外してから、ファイルの読み込みを実行します。

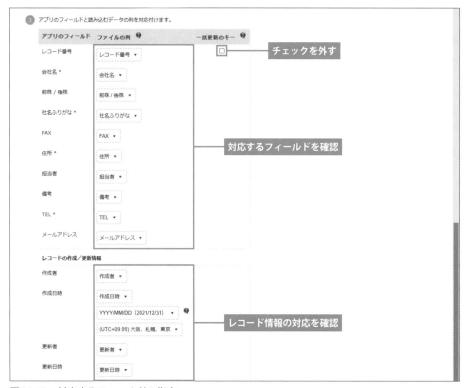

図14-10　対応するフィールドの指定

ファイルの読み込みが完了すると、元のデータを維持したまま、「フィールドタイプだけを変更したアプリ」を作成できます。今回の例の場合、「メールアドレス」や「TEL」の項目にマウスを移動すると、**リンク**として機能することを確認できます。

	会社名	担当者	TEL	FAX	メールアドレス	住所	
	イヌワシ運送	松田 丈典	03-1111-1111	03-1111-1111	matsuda@xxxxx.xo.jp	東京都千代田区岩本町0-5-6	✎ ⊗
	クジラ運輸	塩倉 大基	03-2222-2222	03-2222-2222	shiokura@xxxxx.co.jp	東京都港区芝0-8-2	✎ ⊗

図14-11　リンク機能の確認

「新しいアプリ」にデータが正しく移行されていることを確認できたら、「元のアプリ」を速やかに削除しておきます。「新しいアプリ」と「古いアプリ」が混在していると、トラブルに原因になってしまう恐れがあるので十分に注意してください。

第3章

少し高度なアプリの作成

第3章では、計算機能のあるアプリ、他のアプリからデータを取得できるルックアップ機能、申請／承認などの処理が行えるプロセス管理など、少し高度なアプリの作成方法について解説します。また、アプリストアで配布されているアプリの利用方法についても紹介しておきます。

15 計算機能のあるアプリ

kintoneには、各フィールドに入力されている数値をもとに計算を行う機能も用意されています。小計や合計、消費税の算出などに活用できるので、その使い方をよく理解しておいてください。

計算式を使った計算の例

Excelで数式を使って計算するように、kintoneでも「フィールドの値」をもとに計算を行うことが可能です。まずは、簡単な例を示しておきましょう。以下の図は、「単価」と「数量」のフィールドに入力された数値から「小計」を求める計算の例です。

図15-1　計算式を使った計算の例

こういった簡単な計算は、kintoneアプリに任せてしまうことが可能です。見積書や売上を集計するアプリなどで活用すると、電卓を片手に数値を入力する手間がなくなり、スムーズかつ確実に作業を進められるようになります。ぜひ使い方を覚えておいてください。

「計算」フィールドの使い方

アプリ内で計算を行うときは、参照元となるフィールドにフィールドコードを指定しておく必要があります。続いて、「計算」フィールドを配置し、計算式を指定すると、アプリが自動的に計算を行ってくれます。ここでは、図15-1に示した例を用いて具体的な設定手順を紹介していきます。

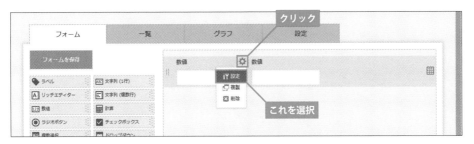

1 まずは、計算式の参照元となる「数値」フィールドを配置します。今回は、2つの「数値」フィールドを配置しました。

2 続いて、「数値」フィールドを設定します。 ⚙ から「設定」を選択します。

3 「フィールド名」や「単位記号」などを指定します。その後、フィールドコードを指定するために ☑ をクリックします。

数値の設定

? ヘルプ

フィールド名 *

単価 ← フィールド名を入力

☐ フィールド名を表示しない

☑ 桁区切りを表示する

☐ 必須項目にする

☐ 値の重複を禁止する

値の制限（整数で指定）

最小 [ ]　最大 [ ]

初期値

[ ]

小数点以下の表示桁数

[ ]

単位記号

[¥]　● 前に付ける（例：¥100）　○ 後ろに付ける（例：100km）　← 単位を指定

フィールドコード *

数値 ☑ ← クリック

キャンセル　　　　保存

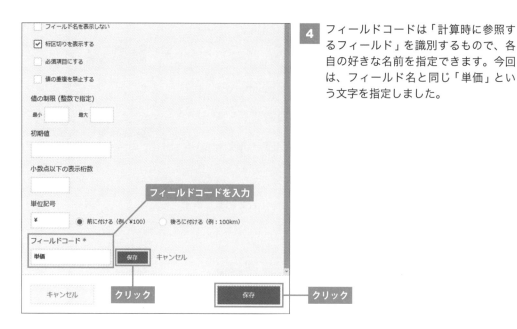

4 フィールドコードは「計算時に参照するフィールド」を識別するもので、各自の好きな名前を指定できます。今回は、フィールド名と同じ「単価」という文字を指定しました。

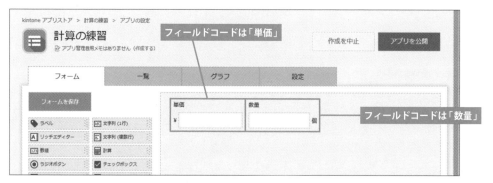

5 同様の手順で、もう一方の「数値」フィールドについても設定を行い、それぞれに異なるフィールドコードを指定しておきます。

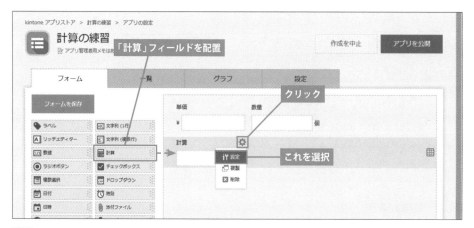

6 続いて、計算結果を表示するフィールドを作成します。フォーム画面に「計算」のフィールドを配置し、⚙から「設定」を選択します。

Chapter 1
Chapter 2
Chapter 3
Chapter 4
Chapter 5
Chapter 6

計算の設定

? ヘルプ　? 設定手順の詳細　📄 便利に使おうガイドブック vol.02 計算編

フィールド名 *

小計 ← **フィールド名を入力**

☐ フィールド名を表示しない

計算式 ❓ *

単価*数量 ← **フィールドコードを使って計算式を入力**

☐ 計算式を表示しない

● 数値（例：1000）
○ 数値（例：1,000）
○ 日時（例：2012-08-06 2:03）
○ 日付（例：2012-08-06）
○ 時刻（例：2:03）
○ 時間（例：26時間3分）

7 フィールド名を入力し、計算方法を「計算式」に指定します。計算式は「フィールドコード」と「演算子」を使って入力します。

指定できる演算子

　数値計算に利用できる演算子は以下の5種類です。これらの記号は、必ず半角文字で入力しなければなりません。全角文字で入力すると、エラーが発生することに注意してください。

+ ⋯⋯⋯⋯⋯⋯ 足し算　　　　* ⋯⋯⋯⋯⋯⋯ 掛け算
− ⋯⋯⋯⋯⋯⋯ 引き算　　　　/ ⋯⋯⋯⋯⋯⋯ 割り算
　　　　　　　　　　　　　　^ ⋯⋯⋯⋯⋯⋯ べき乗

計算式 ❓ *

単価*数量

☐ 計算式を表示しない

○ 数値（例：1000）
● 数値（例：1,000）
○ 日時（例：2012-08-06 2:03）
○ 日付（例：2012-08-06）
○ 時刻（例：2:03）
○ 時間（例：26時間3分）
○ 時間（例：1日2時間3分）

← **表示方法を選択**

小数点以下の表示桁数

［　　　　］ ← **小数点以下の表示桁数を指定する場合**

単位記号

［ ¥ ］　● 前に付ける（例：¥100）　○ 後ろに付ける（例：100km）　← **単位を指定**

フィールドコード *

計算 ✏

キャンセル　　　　　　　　　　　　　保存 ← **クリック**

8 続いて、計算結果の表示方法などを指定し、［保存］ボタンをクリックします。

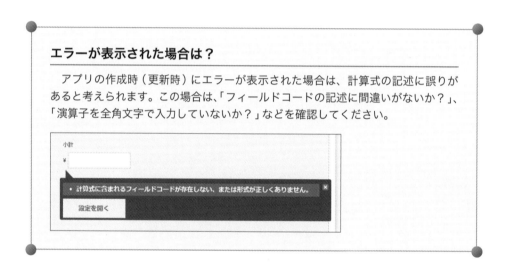

9 以上で、計算を行うための設定は完了です。［アプリを公開］ボタン（または［アプリを更新］ボタン）をクリックします。

エラーが表示された場合は？

　アプリの作成時（更新時）にエラーが表示された場合は、計算式の記述に誤りがあると考えられます。この場合は、「フィールドコードの記述に間違いがないか？」、「演算子を全角文字で入力していないか？」などを確認してください。

　アプリを作成できたら、さっそく動作を試してみましょう。アプリを開き、⊕をクリックしてデータの入力画面（フォーム画面）を表示します。続いて、「単価」と「数量」に適当な数値を入力すると、「小計」が自動的に計算されるのを確認できます。

図15-2　数値の入力と計算

もちろん、計算結果の数値を使って、さらに計算を行うことも可能です。この場合は、「小計」の「**計算**」フィールドにも**フィールドコード**を指定しておく必要があります。たとえば、消費税（10％）を計算する場合は、以下のように各フィールドを設定します。

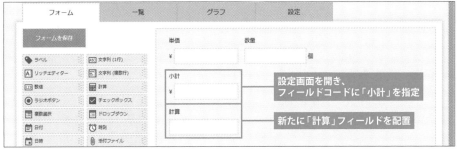

図15-3　フィールドコードの指定と「計算」フィールドの配置

　続いて、新たに配置した「計算」フィールドに計算式を入力します。今回は、消費税（10％）の計算を行うので、計算式は「小計＊0.1」となります。このように、0.1などの「通常の数値」を計算式に含めることも可能です。

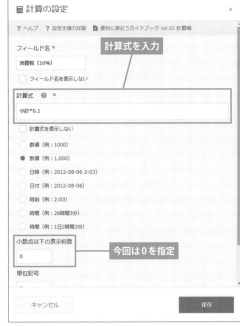

図15-4　消費税の「計算」フィールドの設定

　アプリを更新してから動作を試してみると、以下の図のように計算結果が表示されるのを確認できます。

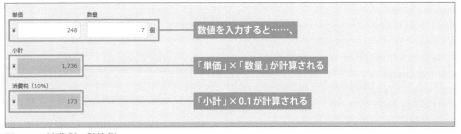

図15-5　消費税の計算例

Chapter 1
Chapter 2
Chapter 3
Chapter 4
Chapter 5
Chapter 6

今回の例では、「消費税」の「小数点以下の表示桁数」を0桁に指定しました。このように表示桁数を制限した場合は、その下の位が**切り捨て**られて表示される仕組みになっています（四捨五入ではありません）。先ほどの例の場合、消費税は1,736×0.1＝173.6になりますが、小数点以下が切り捨てられてるため「173」と表示されます。

数値の精度に関する設定

　各アプリは、小数点以下の数値を4桁まで扱うように初期設定されています。このため、状況によっては若干の誤差が生じる場合があります。たとえば、「計算」フィールドを使って99,999／100,000の計算を行うと、1という計算結果が表示されます。本来であれば計算結果は0.99999になるはずですが、そうはなりません。

　これは「小数部の桁数」が4桁に初期設定されていることが原因です。この場合、小数点以下5桁目が丸められて、1.0000という結果になります。小数点以下の桁数が多い計算を行うときは注意するようにしてください。

　なお、「小数部の桁数」はアプリごとに設定を変更することが可能です。必要に応じて、以下の手順で設定を変更してください。

① アプリを開きます。
② ⚙をクリックしてアプリの設定画面を開きます。
③ ［設定］タブを選択し、「その他の設定」にある「高度な設定」をクリックします。
④ 「小数部の桁数」の値を変更し、［保存］ボタンをクリックします。

テーブル内に「計算」フィールドを配置

　テーブル内に「計算」フィールドを配置することも可能です。この場合は、各行で同じ計算が行われます。参考までに、テーブル内で「単価」×「数量」の計算を行う場合の設定例を紹介しておきます。

1 テーブル内に「数値」フィールドと「計算」フィールドを配置します。

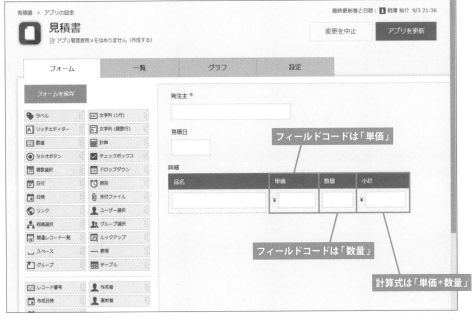

Chapter 1
Chapter 2
Chapter 3
Chapter 4
Chapter 5
Chapter 6

2 続いて、各フィールドの設定を行います。「数値」フィールドにはフィールドコードを
指定し、「計算」フィールドには計算式を指定します。

　上記のように設定すると、テーブル内の各行で自動的に計算が行われるようになります。
データの入力画面（フォーム画面）を開いて数値を入力していくと、各行で「単価」×「数量」
が計算されるのを確認できると思います。

図15-6　テーブル内の自動計算

関数SUMを使った合計の算出

kintoneには、さまざまな計算を実行できる**関数**も用意されています。たとえば、**合計を**計算するときは**関数SUM**を利用します。テーブル内にある「列の数値」を合計する場合などに活用できるので、こちらの使い方も覚えておいてください。ここでは、先ほどの例に「合計」のフィールドを追加するときの操作手順を紹介します。

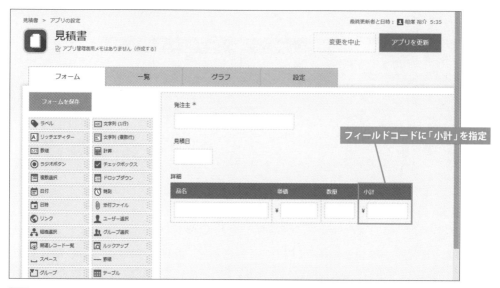

1 合計する列（フィールド）にフィールドコードを指定します。今回の例では、「小計」のフィールドに「小計」というフィールドコードを指定しました。

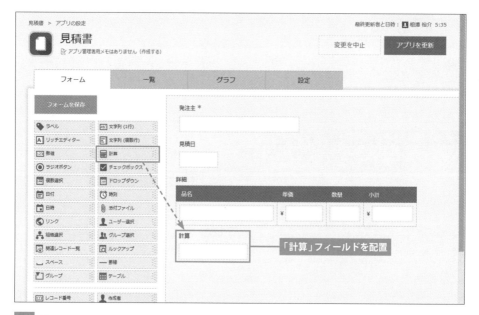

2 続いて、合計を表示する「計算」フィールドをフォーム画面に配置します。

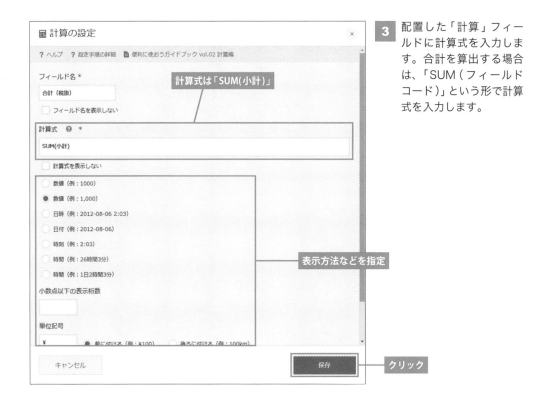

3 配置した「計算」フィールドに計算式を入力します。合計を算出する場合は、「SUM（フィールドコード）」という形で計算式を入力します。

上記のように設定すると、各行の「小計」を合計した数値を自動的に計算できるようになります。

図15-7　合計の計算（データの入力画面）

16 関数IFを使った条件分岐

Excelで条件に応じて処理を分岐させるときは、関数IFを使用します。これと同じように、kintoneでも関数IFで条件分岐を行うことが可能です。この場合も「計算」フィールドを利用します。続いては、関数IFの使い方を解説します。

関数IFの記述方法

フィールドの値に応じて処理を分岐させたいときは、「計算」フィールドに関数IFを記述します。たとえば、「合計」の値が¥50,000以上の場合は「送料」を無料（¥0）に、そうでない場合は「送料」を¥1,500にする、などの処理を関数IFで実現できます。

関数IFの書き方はExcelと同じで、カッコ内に条件式、真の場合、偽の場合を半角の「,」（カンマ）で区切って記述します。

■関数IFの書式

IF(条件式, 真の場合, 偽の場合)

真の場合 ················· 条件式を満たす場合の値（または計算式）
偽の場合 ················· 条件式を満たさない場合の値（または計算式）

Excelと異なる部分は、セル参照の代わりに**フィールドコード**を指定することです。**条件式**の部分には、以下の**比較演算子**を使用できます。

■関数IFに使用できる比較演算子
= ················ 数値（または文字）が等しい場合
  ※データの型が異なる場合は偽になります。
!= ················ 数値（または文字）が等しくない場合
  ※データの型が異なる場合は真になります。
<> ·············· 数値（または文字）が等しくない場合（!=と同じ）
< ················· 「左の数値」が「右の数値」より小さい場合
> ················· 「左の数値」が「右の数値」より大きい場合
<= ·············· 「左の数値」が「右の数値」以下の場合
>= ·············· 「左の数値」が「右の数値」以上の場合

概論だけでは理解しにくいと思うので、簡単な例を紹介していきます。

条件に応じてデータを変更する関数IF

まずは、「合計」が¥50,000以上なら「送料」を無料（¥0）に、そうでない場合は「送料」を¥1,500にする条件分岐を関数IFで実現してみましょう。条件の対象となるフィールドに適当なフィールドコードを指定し、「計算」フィールドを配置します。

図16-1　フィールドの配置

「計算」フィールドの設定画面を開き、関数IFを記述します。「合計」が¥50,000以上の条件は「合計>=50000」で指定できます。続いて、この条件を「満たす場合」と「満たさない場合」の値を「,」（カンマ）で区切って記述します。

IF(合計 >=50000, 0, 1500)

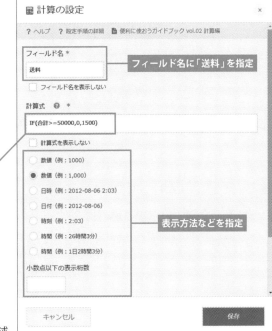

図16-2　関数IFの記述

Chapter 1
Chapter 2
Chapter 3
Chapter 4
Chapter 5
Chapter 6

前ページのように関数IFを記述すると、「合計」の値に応じて自動的に数値が変化するフィールドを作成できます。

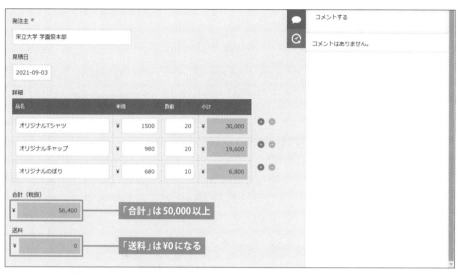

図16-3　「真の場合」として処理された例

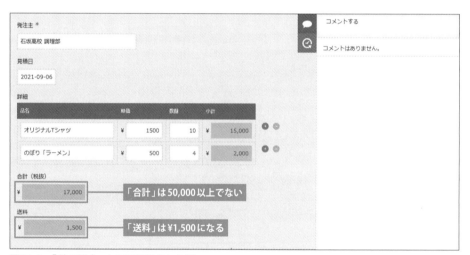

図16-4　「偽の場合」として処理された例

結果を文字で表示する場合は？

　関数IFで文字のデータを扱うことも可能です。文字のデータは「"」（ダブルクォーテーション）で囲んで記述します。たとえば、「合計」が¥50,000以下の場合は「予算内」、そうでない場合は「予算オーバー」と表示するときは、以下のように関数IFを記述します。

　IF(合計<=50000,"予算内","予算オーバー")

条件に応じて計算式を変更する関数IF

　条件とするフィールドに「ラジオボタン」や「ドロップダウン」などを指定することも可能です。続いては、「学生割引」が"あり"の場合に料金を20% OFFにする処理を関数IFで実現してみましょう。

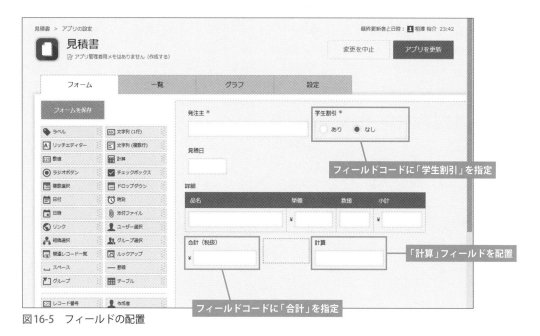

図16-5　フィールドの配置

　「計算」フィールドに記述する関数IFは、右図のようになります。条件を満たす場合の処理は、計算式を記述して指定します。条件を満たさない場合には「合計」のフィールドコードだけを記述し、「合計」の値をそのまま表示します。

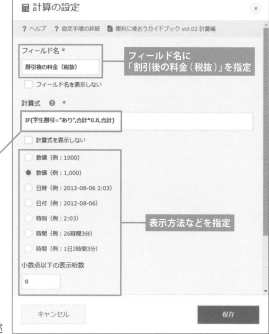

IF(学生割引="あり",合計*0.8,合計)

図16-6　関数IFの記述

Chapter 1
Chapter 2
Chapter 3
Chapter 4
Chapter 5
Chapter 6

前ページのように関数IFを記述すると、「学生割引」の有無に応じて「割引後の料金」を自動計算してくれるフィールドを作成できます。

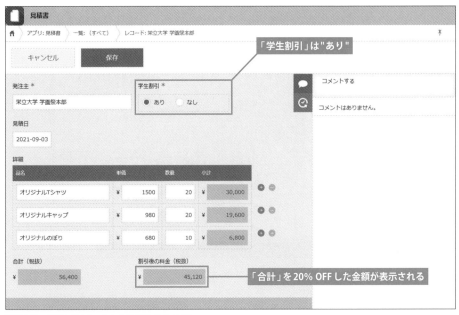

図16-7　「真の場合」として処理された例

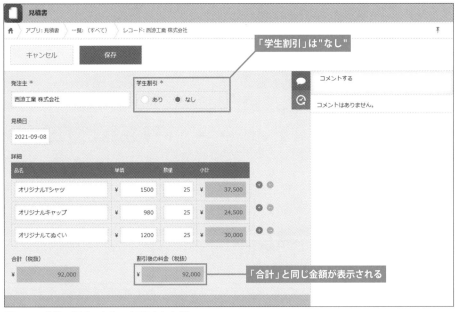

図16-8　「偽の場合」として処理された例

Chapter 1

Chapter 2

Chapter 3

Chapter 4

Chapter 5

Chapter 6

17 関連レコード一覧の表示

「関連レコード一覧」は、「現在のレコード」に関連するレコードをフォーム画面に
一覧表示できる機能です。この機能を上手に活用すると、いちいち画面を移動しな
くても「関連するデータ」をその場で確認できるようになります。

「関連レコード一覧」の表示例

まずは、具体的な例で「関連レコード一覧」の概要を紹介していきます。以下の図は、オリ
ジナルグッズ作成用の素材（無地のTシャツなど）について在庫数をまとめたアプリです。

図17-1　オリジナルグッズ素材の在庫数をまとめたアプリ

フォーム画面を開いて各レコードの詳細を閲覧すると、画面下部に「同じ色の別素材」の
データが一覧表示される仕組みになっています。

図17-2　「関連レコード一覧」の表示例

このように「関連レコード一覧」を使うと、**指定した条件に合う「他のレコード」**をフォーム画面に表示することが可能となります。今回の例では「色」を条件にしているため、同じ色の別素材について、その場で在庫数を確認できるようになります。わざわざ別のレコードへ移動して在庫数を確認する必要はありません。

「関連レコード一覧」の使い方

それでは、「関連レコード一覧」の使い方を紹介していきましょう。ここでは、既存のアプリに「関連レコード一覧」を追加する場合を例に操作手順を解説していきます。

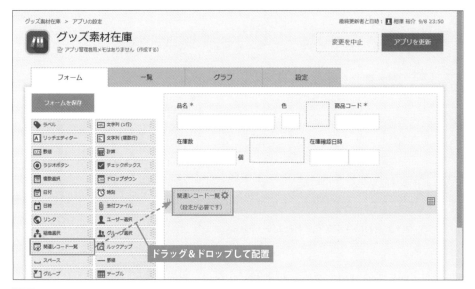

1　アプリの編集画面を開き、「関連レコード一覧」をフォーム画面に配置します。

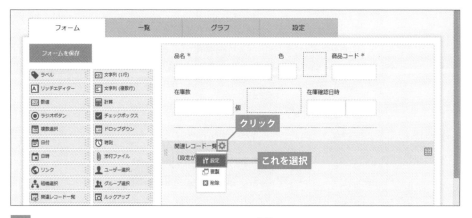

2　配置した「関連レコード一覧」を設定します。⚙から「設定」を選択します。

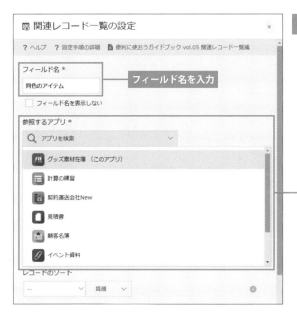

Chapter 1

Chapter 2

Chapter 3

Chapter 4

Chapter 5

Chapter 6

3 「フィールド名」を入力します。続いて、関連するデータが登録されているアプリを選択します。今回は「同じアプリ内にあるレコード」を表示するので、「グッズ素材在庫（このアプリ）」を選択します。

4 一覧表示するレコードの条件を指定します。今回は、同じ色のレコードを一覧表示したいので、左右の選択肢とも「色」のフィールドを指定します。

条件に指定可能なフィールド

「このアプリのフィールド」には、「文字列（1 行）」、「数値」、「計算」、「レコード番号」、「ルックアップ」といったフィールドを指定できます。「ラジオボタン」や「ドロップダウン」などのフィールドは、条件に指定できないことに注意してください。ちなみに、今回の例では「色」のフィールドを「文字列（1 行）」で作成しています。

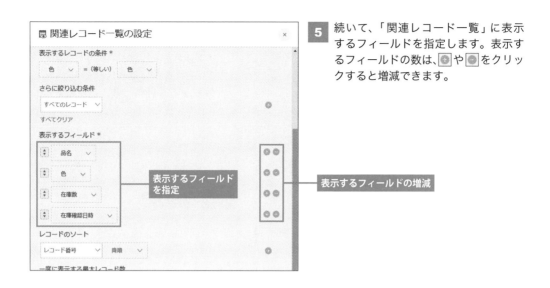

5 続いて、「関連レコード一覧」に表示するフィールドを指定します。表示するフィールドの数は、⬆や⬇をクリックすると増減できます。

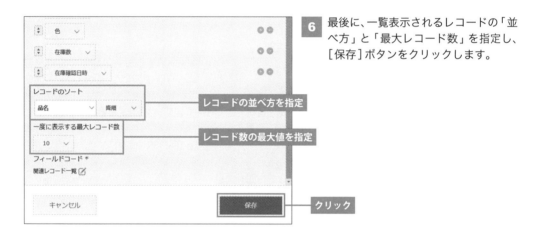

6 最後に、一覧表示されるレコードの「並べ方」と「最大レコード数」を指定し、[保存]ボタンをクリックします。

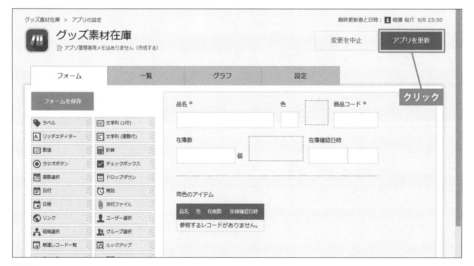

7 以上で「関連レコード一覧」の設定は完了です。[アプリを更新]ボタンをクリックします。

このように設定すると、フォーム画面に「関連レコード一覧」を表示することが可能となります。今回は、条件とするフィールドに「色」を指定しているため、同じ「色」のレコードが一覧表示されます。

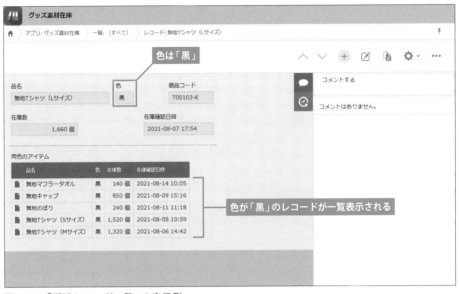

図17-3 「関連レコード一覧」の表示例

ここで紹介した例のほかにも、さまざまな用途に「関連レコード一覧」を活用できます。たとえば「受注票」を管理するアプリの場合、「得意先」を条件に指定すると、同じ会社からの受注履歴を一覧表示できるようになります。ただし、テーブル内のデータを「関連レコード一覧」に表示することはできません。テーブル内のデータを確認するには をクリックし、そのレコードの詳細画面（フォーム画面）を開く必要があります。

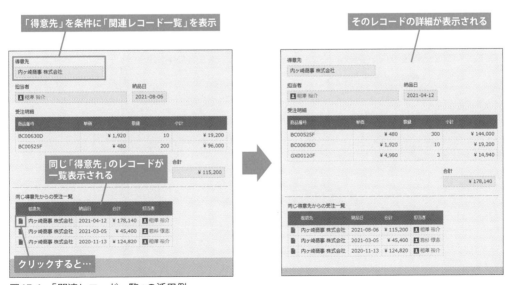

図17-4 「関連レコード一覧」の活用例

Chapter 1
Chapter 2
Chapter 3
Chapter 4
Chapter 5
Chapter 6

18 ルックアップ機能の活用

ルックアップは、「別のアプリ」に登録されているデータを読み込んで、そのデータを各フィールドに自動入力する機能です。アプリを連携させて作業するときに欠かせない機能となるので、よく使い方を理解しておいてください。

ルックアップの例

まずは、ルックアップを活用したアプリの例を紹介します。以下の図は、レンタル料の見積書を作成するアプリです。「品名」のフィールドに文字を2〜3文字ほど入力して［Enter］キーを押すと、その文字を含む「品名」の候補が一覧表示されます。

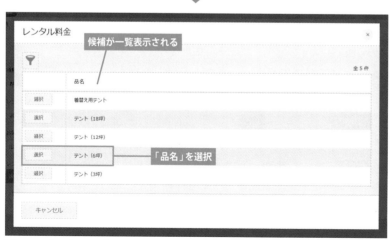

図18-1　ルックアップによる候補の表示

この一覧から「品名」を選択すると、「商品ID」と「3日間料金」の値が自動入力される仕組みになっています。

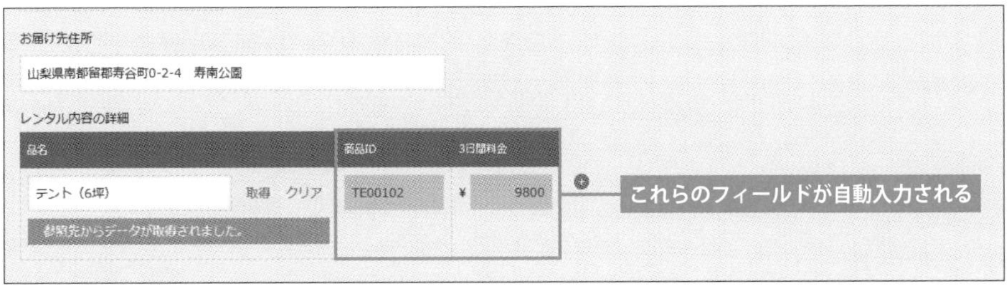

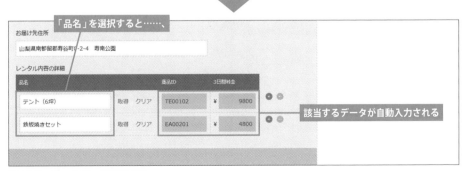

図18-2　ルックアップによる自動入力

このようにデータ入力の手間を大幅に軽減してくれるのがルックアップの特長です。該当するデータをkintoneが自動入力してくれるため、「入力ミスをなくす」という点でも非常に有意義な機能といえます。

ルックアップを使ったデータの自動入力は、「他のアプリ」からデータを取得することにより実現されます。今回の例では、「レンタル料金」というアプリからデータを取得することで、データの自動入力を実現しています。

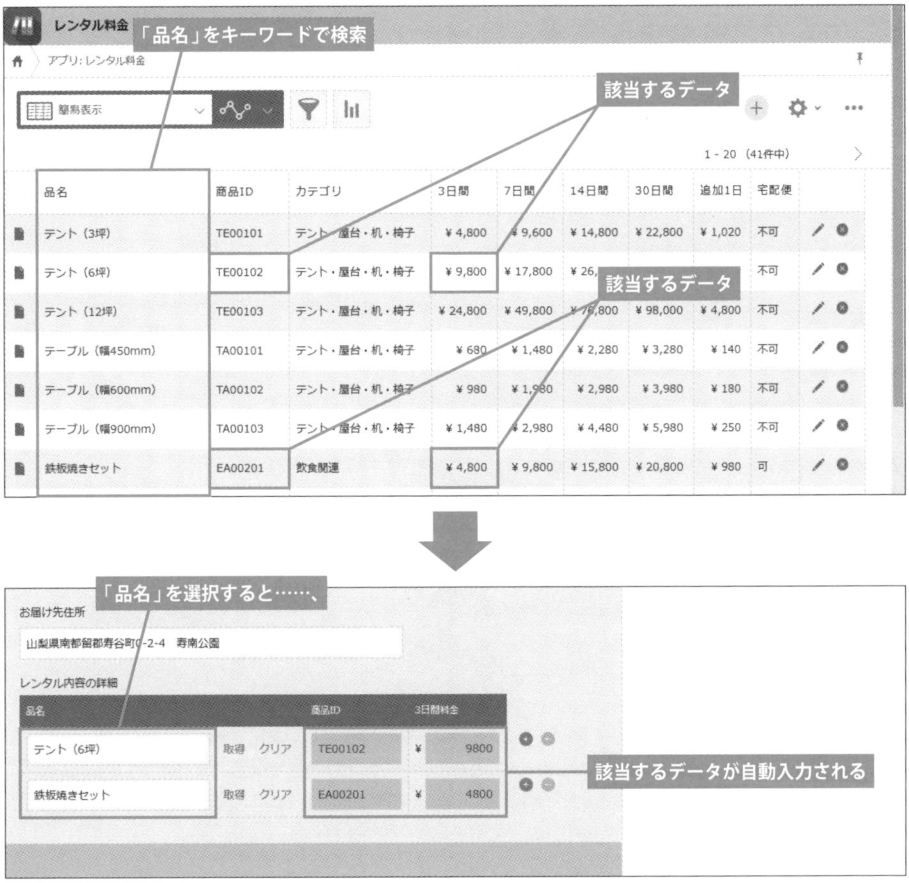

図18-3　ルックアップの仕組み

ルックアップの使い方

　それでは、ルックアップの使い方を解説していきましょう。ここでは、先ほど示したルックアップを例に設定手順を解説していきます。なお、各アイテムの「レンタル料金」をまとめたアプリ（図18-3の上図）は、すでに作成されているものとします。

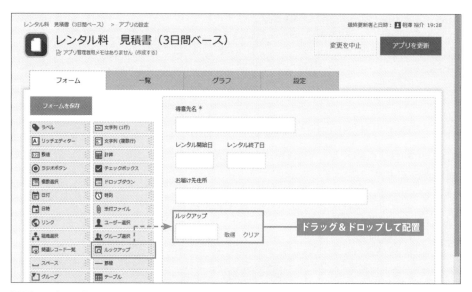

1 まずは、「品名」の検索枠となるフィールドを配置します。「ルックアップ」をフォーム画面にドラッグ＆ドロップして配置します。

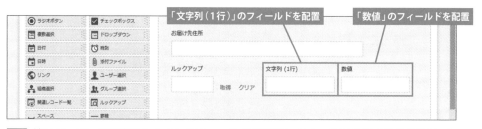

2 続いて、データが自動入力されるフィールドを配置します。今回の例では「商品ID」と「3日間料金」のデータを自動入力するので、「文字列（1行）」と「数値」のフィールドを配置しました。

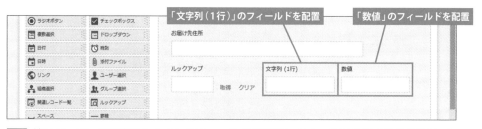

3 手順2で配置したフィールドに適当な「フィールド名」を指定します。また、「数値」フィールドの単位なども指定しておきます。

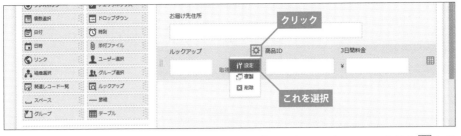

4 ここからはルックアップの設定を行います。「ルックアップ」フィールドの ⚙ から
「設定」を選択します。

5 「フィールド名」を入力し、「関連付けるアプリ」に「データの取得元となるアプリ」を指定します。

6 続いて、「どのフィールドを基準にレコードを検索するか？」を指定します。今回は「品名」で検索するので、「品名」のフィールドを指定します。

Chapter 1
Chapter 2
Chapter 3
Chapter 4
Chapter 5
Chapter 6

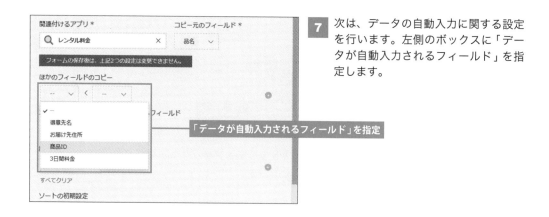

7 次は、データの自動入力に関する設定を行います。左側のボックスに「データが自動入力されるフィールド」を指定します。

「データが自動入力されるフィールド」を指定

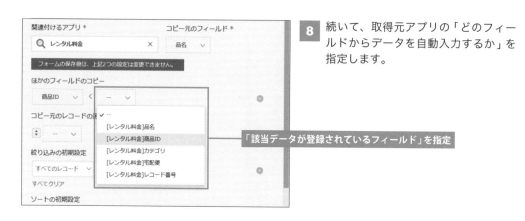

8 続いて、取得元アプリの「どのフィールドからデータを自動入力するか」を指定します。

「該当データが登録されているフィールド」を指定

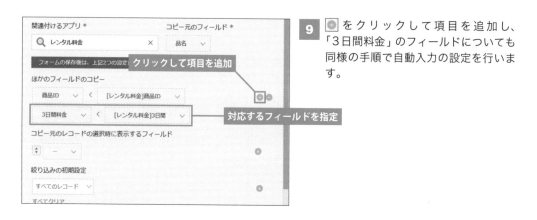

9 ⊕ をクリックして項目を追加し、「3日間料金」のフィールドについても同様の手順で自動入力の設定を行います。

クリックして項目を追加

対応するフィールドを指定

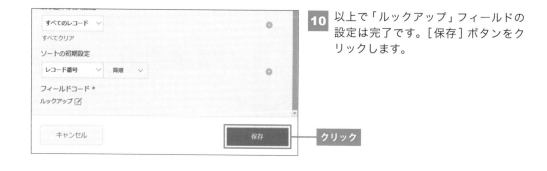

10 以上で「ルックアップ」フィールドの設定は完了です。[保存]ボタンをクリックします。

クリック

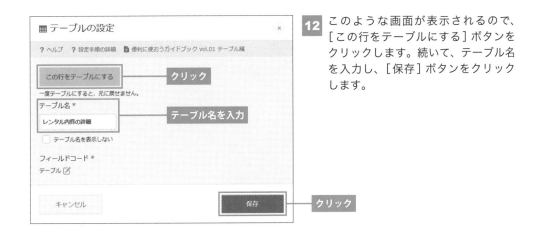

11 今回の例では、「品名」、「商品ID」、「3日間料金」のフィールドをテーブルとして扱います。この指定を後から行うことも可能です。横一列に配置したフィールドをテーブルに変換するときは、🏁 から「テーブルの設定」を選択します。

12 このような画面が表示されるので、[この行をテーブルにする] ボタンをクリックします。続いて、テーブル名を入力し、[保存] ボタンをクリックします。

13 最後に、各フィールドのサイズを調整し、[アプリを更新] ボタンをクリックします。

Chapter 1
Chapter 2
Chapter 3
Chapter 4
Chapter 5
Chapter 6

以上が、ルックアップの基本的な設定手順になります。試しに、アプリの画面を開いてデータを入力してみると、冒頭で示したような動作が実現されるのを確認できます。

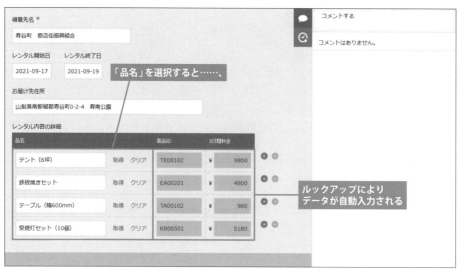

図18-4　ルックアップを使ったデータの自動入力

取得元のデータを更新した場合

　kintoneのルックアップ機能は、データ入力時に取得した値をそのままコピーする仕様になっています。このため、取得元アプリでデータを変更しても、その変更は取得先アプリに反映されません。たとえば、先ほどの例において「テント（6坪）」の「3日間」の料金を¥9,500に変更しても、ルックアップにより取得された「3日間料金」は¥9,800のまま変更されません。

　ルックアップにより取得したデータを自動更新するには、自分でJavaScriptを開発するか、もしくはプラグインを利用する必要があります。

より複雑な処理を施したアプリ

　ルックアップにより自動入力されたデータを使って計算を行うことも可能です。「価格リスト」のアプリから「単価」を取得し、そのデータに「数量」を掛け算して「小計」を求める、といった場合などに活用できるでしょう。

　ここでは参考として、先ほど示した「レンタル料　見積書」のアプリを改良した例を紹介していきます。このアプリは「3日間」のレンタル料金をベースに見積書を作成しますが、レンタル期間が必ずしも3日間になるとは限りません。レンタル期間が4日以上になるときは、そのぶんの追加料金を加算しなければなりません。

図18-5 「レンタル料金」の一覧表

　たとえば、レンタル期間が4日間、5日間、6日間の場合、

- ・4日間のレンタル料金＝「3日間」＋「追加1日」
- ・5日間のレンタル料金＝「3日間」＋「追加1日」×2
- ・6日間のレンタル料金＝「3日間」＋「追加1日」×3

という計算を各アイテムで行う必要があります。また、同じアイテムを2個、3個、……と
レンタルする場合もあるでしょう。これに対応するには「数量」のフィールドを用意しておく
必要があります。こういった状況にも対応できるようにアプリを改良していきます。
　まずは、レンタル日数を把握しやすくするために、「ベース日数」と「追加日数」のフィー
ルドを配置します。いずれも「数値」フィールドで作成し、適当な単位を指定します。また、
「ベース日数」のフィールドは「初期値」に3を指定しておきます。

図18-6 「ベース日数」と「追加日数」のフィールドを配置

Chapter 1
Chapter 2
Chapter 3
Chapter 4
Chapter 5
Chapter 6

続いて、テーブル内に配置するフィールドを変更します。「商品ID」のフィールドは特に必要ないので削除し、新たに「数量」、「追加料金／日」、「追加日数」、「小計」のフィールドを追加します。

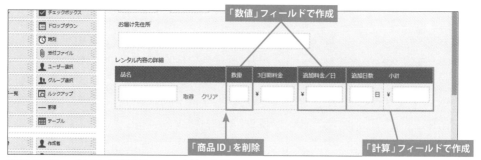

図18-7　テーブル内に配置するフィールドの変更

「追加料金／日」のフィールドは「レンタル料金」のアプリから取得するので、ルックアップの設定を以下のように変更します。

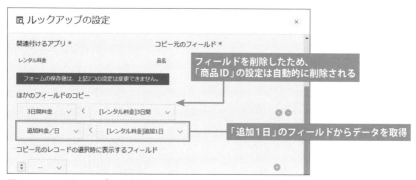

図18-8　ルックアップの設定変更

「追加日数」のフィールドは、そのつど手入力しなくても済むように「計算」フィールドで作成しています。以下の図のようにフィールドコードだけを入力した計算式を指定すると、参照元のデータをそのままコピーできます。データ入力の手間を省く手法の一つとして覚えておいてください。

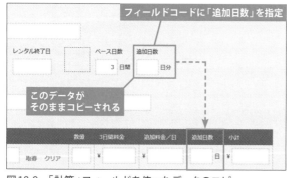

図18-9　「計算」フィールドを使ったデータのコピー

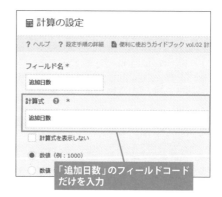

最後に、「小計」のフィールドに計算式を設定します。参照するフィールドに適当なフィールドコードを指定し、レンタル料金の計算式[※1]を入力します。足し算／引き算を先に計算するときは、カッコを使って計算式を記述します。カッコは必ず半角で入力しなければなりません。

（※1）計算式は、（「3日間料金」＋「追加料金／日」×「追加日数」）×「数量」となります。

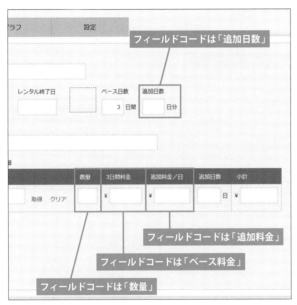

図18-10　「小計」の計算

　あとは、関数SUMを使って「合計」を算出するだけです。新たに「計算」フィールドを配置して「小計」の合計を算出します（詳しくはP116～117を参照）。

図18-11　「合計」の計算

Chapter 1
Chapter 2
Chapter 3
Chapter 4
Chapter 5
Chapter 6

このようにアプリを改良すると、4日以上のレンタル期間にも対応できるようになります。ルックアップや計算を含むアプリを作成するときの参考にしてください。

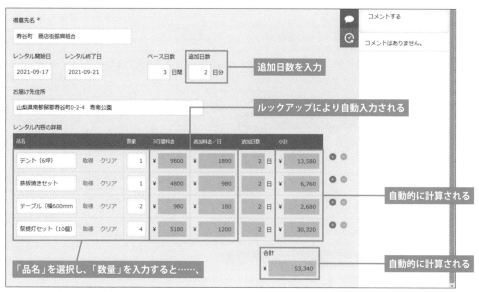

図18-12　改良したアプリの動作

　なお、「数値」フィールドに何も入力しなかった場合は、そのフィールドが数値の0（ゼロ）として処理される仕様になっています。たとえば、3日間のレンタル料金を計算するときは、「追加日数」に0を入力しても構いませんし、空白のままでも構いません。いずれの場合も同じ計算結果が得られます。

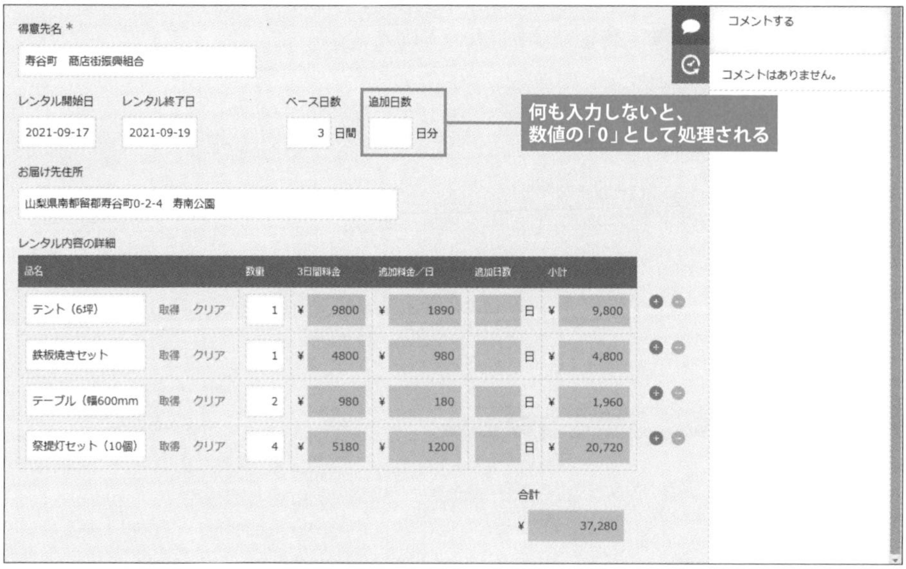

図18-13　3日間のレンタル料金を計算する場合

Chapter 1

Chapter 2

Chapter 3

Chapter 4

Chapter 5

Chapter 6

19 kintoneの印刷機能

kintoneには、各レコードのデータ（フォーム画面）を印刷する機能も用意されています。続いては、フォーム画面を印刷するときの操作手順と、印刷レイアウトの調整について簡単に紹介しておきます。

フォーム画面の印刷

アプリに入力したデータを使って「見積書」や「請求書」を発行したい場合もあると思います。そこで、kintoneの印刷機能について紹介しておきます。各レコードのデータを印刷するときは、以下のように操作します。

1 レコードの詳細画面（フォーム画面）を表示し、┄ から「レコードを印刷」を選択します。

印刷イメージが表示される

レンタル内容の詳細					
品名	数量	3日間料金	追加料金／日	追加日数	小計
テント（6畳）	1	¥ 9,800	¥ 1,890	2日	¥ 13,580
鉄板焼きセット	1	¥ 4,800	¥ 980	2日	¥ 6,760
テーブル（横600mm）	2	¥ 980	¥ 180	2日	¥ 2,680
祭提灯セット（10個）	4	¥ 5,180	¥ 1,200	2日	¥ 30,320

得意先名
寿谷町　商店街振興組合

レンタル開始日　レンタル終了日　ベース日数　追加日数
2021-09-17　2021-09-21　3 日間　2 日分

お届け先住所
山梨県南都留郡寿谷町0-2-4　寿南公園

合計
¥ 53,340

2 印刷イメージを確認し、［印刷する］ボタンをクリックします。

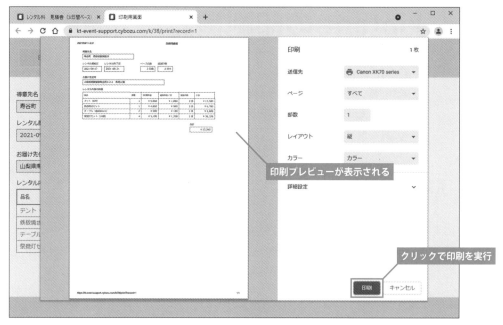

3 Webブラウザの印刷設定画面が表示され、用紙に印刷したときのプレビューを確認できます。以降の操作は、通常のWebページを印刷する場合と同じです。

　このように、印刷の手順そのものは特に難しくありません。ただし、上図を見ると分かるように、得意先に渡す書類としては「あまりにも粗末なレイアウト」といわざるを得ません。そこで、若干ではありますが、印刷の見た目を整える方法を紹介しておきます。

印刷用のレイアウト作成

　kintoneには、印刷レイアウトを指定する機能が用意されていません。よって、フォーム画面の見た目を整えることで、印刷レイアウトを改善します。このような場合に活用できるのが「ラベル」、「スペース」、「罫線」などのパーツです。「ラベル」のパーツは文字の書式を指定できるため、「見出し」や「自社情報」などの配置にも利用できます。

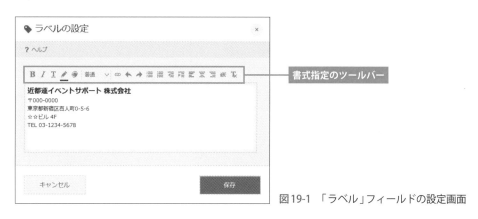

図19-1　「ラベル」フィールドの設定画面

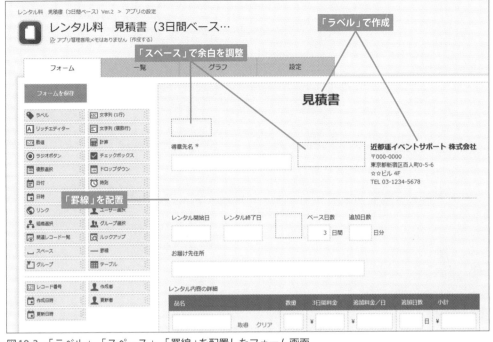

図19-2　「ラベル」、「スペース」、「罫線」を配置したフォーム画面

　得意先名の後に敬称を表記したい場合は、そのフィールドに「**フィールド名を表示しない**」を指定し、そのすぐ右隣に「**ラベル**」を使って「**御中**」などの文字を配置します。なお、編集画面では「**ラベル**」の文字が上にずれて配置される場合もありますが、データの閲覧画面（印刷レイアウト）で見ると、「**ラベル**」が正しい位置に配置されているのを確認できます。

図19-3　敬称の配置

　あとは印刷プレビューを確認しながら、各フィールドのサイズや配置を調整していくだけです。これで、次ページに示したようなレイアウトに仕上げることができます。ただし、編集画面では「A4サイズの横幅」を把握できないため、何回も試行錯誤を繰り返しながらレイアウトを調整していく必要があります。

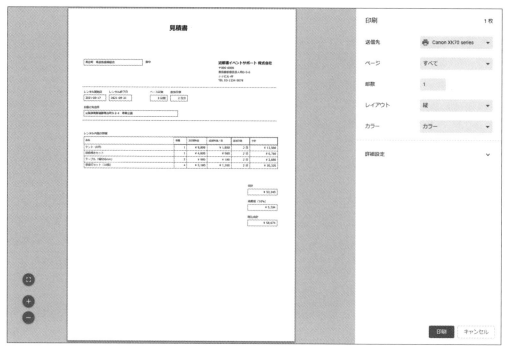

図19-4　フォーム画面の配置を工夫した印刷レイアウト

このようにフォーム画面を編集することで、ある程度は印刷時の見た目を整えることが可能です。ただし、それでも十分な仕上がりにはならないかもしれません。また、フォーム画面が間延びしてしまうため、データ入力の効率が悪くなる、という欠点も生じます。

これらの問題を解決するには、帳票印刷用のプラグインを導入して機能を拡張するか、もしくはJavaScriptを自分で記述して印刷レイアウトをカスタマイズする必要があります。

なお、今後は「紙の書類」を作成する代わりに、PDFなどの電子書類を作成するケースも増えてくると思われます。こういった状況を顧みると、印刷機能を強化するのではなく、kintoneのデータを基に**PDFを作成する**プラグインなども視野に入れておく必要があります。PDFを作成できれば、それを印刷することで簡単に「紙の書類」を作成できます。

Chapter 1

Chapter 2

Chapter 3

Chapter 4

Chapter 5

Chapter 6

20 申請／承認などのワークフロー

物品購入や出張費の申請など、上司や担当部署の許可が必要になる業務もあります。このような場合にもkintoneが便利に活用できます。続いては、「プロセス管理」を使ってワークフローのあるアプリを作成する方法を解説します。

プロセス管理とは？

kintoneには、次の担当者にデータを引き継ぎながら作業を進められる「**プロセス管理**」という機能が用意されています。この機能を使うと、申請／承認などのワークフローをkintoneで行えるようになります。

図20-1　ワークフローの例

たとえば「出張費の申請」を行う場合、まず上司の承認をとり、そのあと経理部に書類をまわす、といった一連の作業が必要になるケースもあります。この場合、①申請書類を作成する、②書類を上司に提出して承認されるのを待つ、③書類を経理部に提出する、④経理部が書類を受理する、といったプロセスを経なければいけません。もちろん、相手が席を外しているなどの理由で、作業が途中でストップしてしまうこともあるでしょう。

このような場合にkintoneを活用すると、相手（もしくは自分）が社内にいない状況であっても、滞りなく業務を進められるようになります。クラウドサービスの魅力は、複数の人が関わる業務を「場所」や「時間」の制約を受けずに進められること。仕事の進め方を改善してくれる機能となるので、ぜひ使い方を覚えておいてください。

図20-2　「プロセス管理」を設定したアプリの例

プロセス管理の設定手順

　それでは、「プロセス管理」の設定手順を解説していきましょう。ここでは、以下に示した
ワークフロー（出張費の申請）を例に、操作手順を解説していきます。

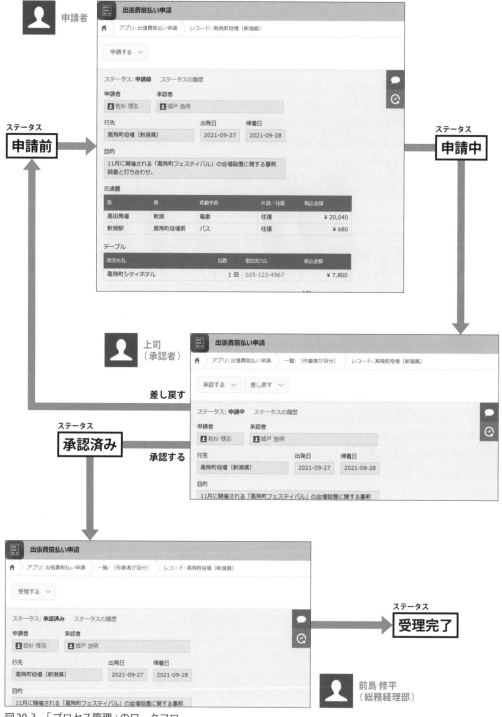

図20-3　「プロセス管理」のワークフロー

Chapter 1

Chapter 2

Chapter 3

Chapter 4

Chapter 5

Chapter 6

このワークフローを実現する具体的な設定手順は、以下のようになります。

1 これまでに解説してきた手順でアプリのフォーム画面を作成します。「申請者」の項目は「作成者」フィールド、「承認者」の項目は「ユーザー選択」フィールドで作成します。

2 フォーム画面を作成できたら［設定］タブを選択し、「プロセス管理」をクリックします。

3 プロセス管理の設定画面が表示されるので、「プロセス管理を有効にする」をチェック します。

4 最初に「ステータス」を作成します。今回は4つのステータスが必要になるので、➕ を クリックして項目数を増やし、それぞれに「進行状況を示す文字」を入力します。

5 次は、各ステータスでの処理方法を指定していきます。「申請前」の時点で作業を行って いるユーザーは「データを入力した人」、すなわちレコードの「作成者」になります。 よって、作業者に「申請者」のフィールドを指定します。

ボタンの文字を入力

次のステータスを選択

6 続いて、「申請前」のときに表示する「ボタンの文字」を入力します。さらに、この
ボタンをクリックした後のステータスを選択します。

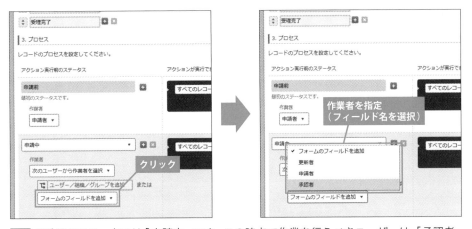

作業者を指定
（フィールド名を選択）

クリック

7 2番目のステータスは「申請中」です。この時点で作業を行うべきユーザーは、「承認者」
の項目で指定したユーザー（上司）になります。よって、作業者に「承認者」のフィー
ルド名を指定します。

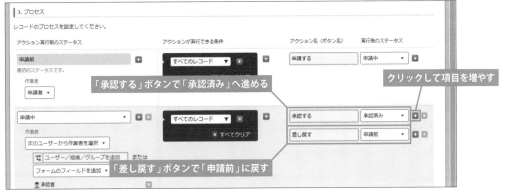

「承認する」ボタンで「承認済み」へ進める

クリックして項目を増やす

「差し戻す」ボタンで「申請前」に戻す

8 「申請中」のステータスでは、「承認する」と「差し戻す」の2つのボタンが必要になり
ます。➕をクリックして項目を増やし、それぞれの「ボタンの文字」と「次のステータ
ス」を指定します。

Chapter 1
Chapter 2
Chapter 3
Chapter 4
Chapter 5
Chapter 6

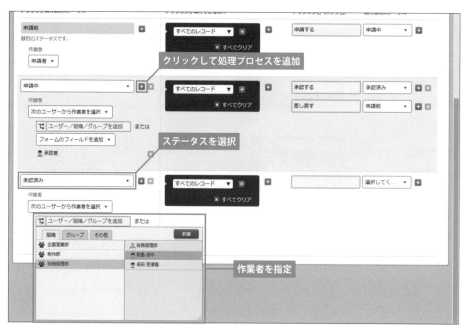

9 をクリックして処理プロセスを追加し、「承認済み」のステータスにおける処理方法
を指定します。今回は、総務経理部に所属する特定のユーザー（前島 修平）を作業者
に指定するので、 からユーザーを選択します。

10 「承認済み」のときに表示するボタンは「受理する」だけです。この文字を入力し、
ボタンをクリックした後のステータスに「受理完了」を指定します。

11 これで各ステータスの処理方法を指定できました。画面を最上部までスクロールし、
［保存］ボタンをクリックします。

Chapter 1
Chapter 2
Chapter 3
Chapter 4
Chapter 5
Chapter 6

12 以上で「プロセス管理」の設定は完了です。[アプリを更新]ボタンをクリックして設定内容をアプリに反映させます。

条件の指定

　各ステータスに用意されている黒背景の設定項目は、「プロセスを進めるための条件」を指定する場合に利用します。たとえば、「合計」が「100,000以下」の場合のみ次のステータスへ進める、などの条件を指定できます。

　「プロセス管理」で設定したボタンは、データを入力して[保存]ボタンをクリックした後に表示されます。このボタンをクリックし、さらに[実行]ボタンをクリックすると、プロセスを「次のステータス」へ進めることができます。

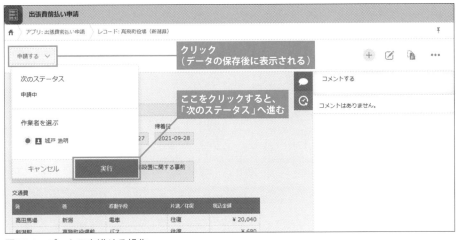

図20-4　プロセスを進める操作

　「次のステータス」に進むと、その作業者となるユーザーに「通知」が届きます。また、ポータル画面の「未処理」の領域にもアプリ名が表示されます。

図20-5 「通知」と「未処理」の表示（ポータル画面）

このようにポータル画面を見るだけで、「自分がすべき作業があるか？」を把握できるのも kintoneの利点の一つです。いちいちアプリを開いて状況を確認しなくても、**自分がすべき作業を一目で把握できる**ため、業務を滞りなく進められるようになります。

なお、「プロセス管理」を設定したアプリは、（**作業者が自分**）のレコードだけが一覧表示される仕様になっています。このため、データが1件も表示されないことも少なくありません。自分が作業者になっていないレコードも表示したいときは、一覧の表示方法に（**すべて**）を選択します。念のため、覚えておいてください。

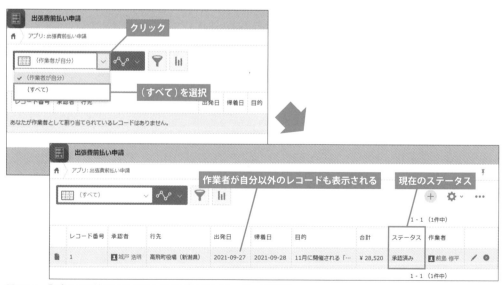

図20-6 「プロセス管理」を設定したアプリのレコード一覧画面

Chapter 1

Chapter 2

Chapter 3

Chapter 4

Chapter 5

Chapter 6

21 グラフの作成とクロス集計表

アプリに登録されているデータ使ってグラフを作成したり、クロス集計表を作成したりすることも可能です。売上の分析やアンケート結果の集計などに活用できるので、グラフ機能の使い方も覚えておいてください。

グラフの作成手順

kintoneには、アプリに登録されているデータを基にグラフを作成する機能が用意されています。このため、Excelを使わなくても売上金額などを集計したグラフを作成できます。ここでは、各案件の売上を区分別（レンタル／グッズ制作／運営サポート）にまとめたアプリを使って、グラフの作成手順を解説していきます。

	レコード番号	得意先名	請求日	売上区分	営業担当者	税抜金額	消費税（10%）	税込金額		
	42	株式会社　城漫遊ツーリズム	2021-10-25	レンタル	城戸 浩明	￥279,300	￥27,930	￥307,230	/	⊗
	41	株式会社　城漫遊ツーリズム	2021-10-25	グッズ制作	城戸 浩明	￥268,300	￥26,830	￥295,130	/	⊗
	40	株式会社　城漫遊ツーリズム	2021-10-25	運営サポート	城戸 浩明	￥145,600	￥14,560	￥160,160	/	⊗
	39	世翔国際大学　学祭本部	2021-10-18	レンタル	若杉 慎志	￥236,900	￥23,690	￥260,590	/	⊗
	38	世翔国際大学　学祭本部	2021-10-18	グッズ制作	若杉 慎志	￥216,800	￥21,680	￥238,480	/	⊗
	37	世翔国際大学　学祭本部	2021-10-18	運営サポート	若杉 慎志	￥189,200	￥18,920	￥208,120	/	⊗
	36	西游工業　株式会社	2021-10-11	グッズ制作	城戸 浩明	￥92,000	￥9,200	￥101,200	/	⊗

図21-1　各案件の売上を区分別にまとめたアプリ

たとえば「請求日」を基準に各月の売上を集計し、「売上区分」で分類したグラフを作成するときは以下のように操作します。

1 アプリの画面を開き、[画] をクリックします。

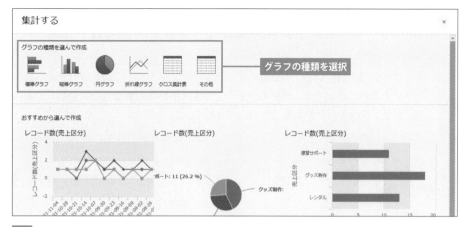

2 グラフの設定画面が表示されるので、「グラフの種類」を選択します。

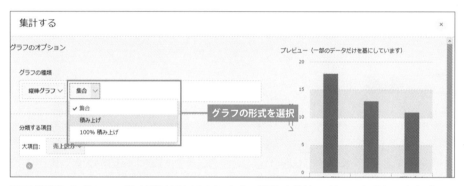

3 選択したグラフの設定画面が表示されます。縦棒や横棒のグラフを選択した場合は、ここで「グラフの形式」を選択します。

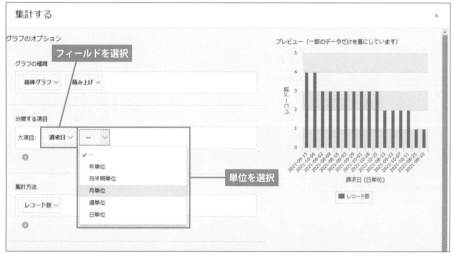

4 続いて、分類に使用するフィールドを選択します。今回は「月ごとに集計」してグラフ化するので「請求日」のフィールドを指定し、単位に「月単位」を選択します。

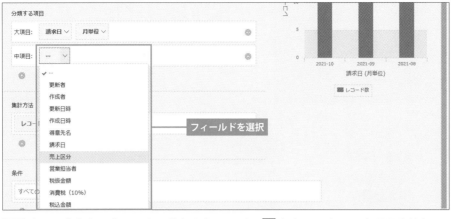

5 今回は「売上区分」による分類も行います。◉ をクリックして中項目を追加し、「売上区分」のフィールドを選択します。

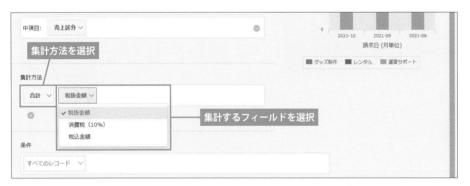

6 次は、集計方法を指定します。集計方法に「合計」を選択し、集計するフィールドに「税抜金額」を指定します。

7 最後に、グラフ化するレコードの条件と並べ方を指定します。今回は、条件に「請求日」が8〜10月、並べ方に「大項目」（月単位の請求日）の昇順を指定しました。

Chapter 1
Chapter 2
Chapter 3
Chapter 4
Chapter 5
Chapter 6

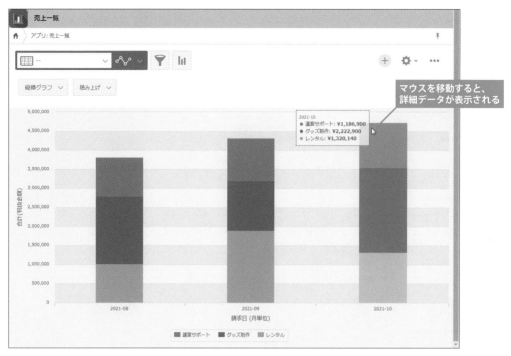

8 設定した内容でグラフが作成されます。グラフ上にマウスを移動すると、その分類の詳細データを表示できます。

グラフの保存

グラフの設定内容をアプリに保存しておくことも可能です。この場合は、先ほど示した手順でグラフの設定を行い、最後に[**保存する**]ボタンをクリックします。

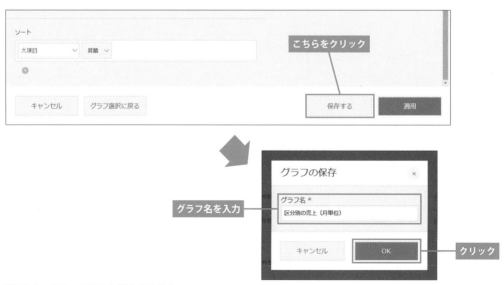

図21-2　グラフの設定を保存する場合

　すると、画面左上にあるボックスに**グラフ名**が追加されます。よく利用するグラフを保存
しておくと、そのつど設定を行う必要がなくなり、手軽にグラフを参照できるようになります。

> ### 保存したグラフの管理
>
> 　アプリの設定画面を開いて
> ［グラフ］タブを選択すると、保
> 存した「グラフの設定」を変更
> したり、削除したりできます。

図21-3　保存したグラフの表示

グラフ表示の変更

　グラフを表示した後に、グラフの種類や形式を変更することも可能です。この場合は、
画面左上にあるドロップダウンを使ってグラフの種類/形式を指定します。

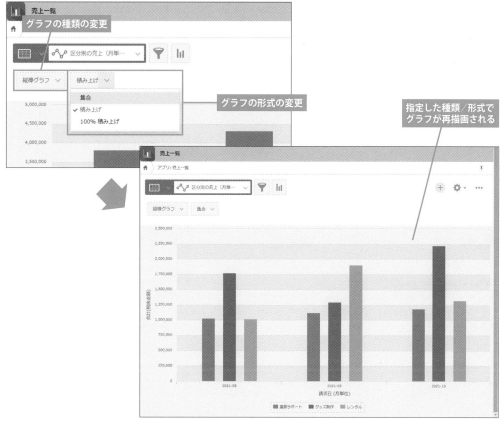

図21-4　グラフの種類/形式の変更

また、グラフの凡例をクリックし、その分類の表示／非表示を切り替えることも可能になっています。

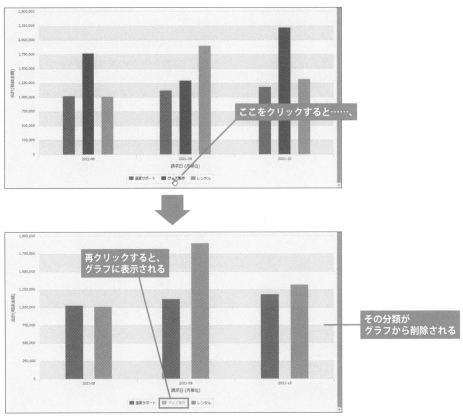

図21-5　グラフに表示する分類の変更

なお、グラフの種類に「**クロス集計表**」を選択した場合は、以下の図のような集計表が表示されます。この表は、集計結果を数値で確認したい場合などに活用できます。

図21-6　クロス集計表の表示

該当レコードだけを一覧表示

グラフを使って、アプリ内に登録されているレコードを絞り込むことも可能です。たとえば「10月、グッズ制作」の棒グラフをクリックすると、請求口の口付が「10月」で、売上区分が「グッズ制作」のレコードだけを一覧表示できます。

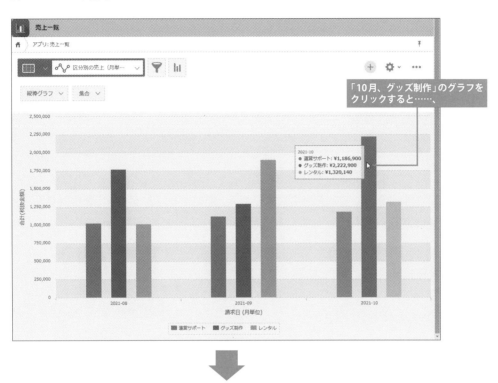

図21-7　グラフを使ったレコードの絞り込み

フィルター機能より手軽にレコードを絞り込める場合もあるので、このような使い方があることも覚えておいてください。

Chapter 1

Chapter 2

Chapter 3

Chapter 4

Chapter 5

Chapter 6

22 サンプルアプリの活用

kintoneのアプリストアには、一般的な業務でよく利用されるアプリが100種類以上も配布されています。もちろん、こちらのアプリを自社で活用することも可能です。続いては、アプリストアで配布されているアプリについて紹介します。

アプリの検索と追加

自分でアプリを作成するのではなく、アプリストアで配布されているアプリを利用して各種業務を進めていくことも可能です。「顧客リスト」や「タイムカード」、「備品在庫管理」など、アプリストアには「会社でよく利用されるアプリ」が100種類以上も無料で配布されています。「どのような業務にkintoneを活用できるのか？」を知る意味でも、アプリストアで配布されているアプリを確認しておくとよいでしょう。配布されているアプリを利用するときは、以下の手順で操作します。

1 ポータル画面を開き、アプリの領域にある ⊞ をクリックします。

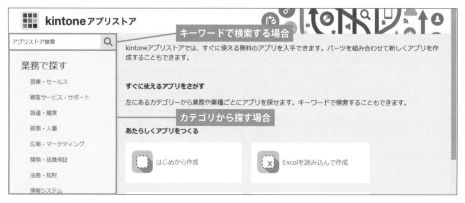

2 アプリストアが表示されるので、左側の一覧からカテゴリを選択するか、もしくは適当なキーワードを入力して検索します。

3 該当するアプリが一覧表示れます。この中から目的のアプリを選択します。

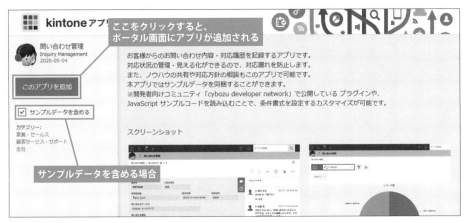

4 アプリの概要をよく読んでから［このアプリを追加］ボタンをクリックすると、そのアプリをポータル画面に追加できます。アプリによっては、サンプルデータが用意されている場合もあります。

5 ポータル画面に戻るので、追加したアプリをクリックして開きます。

Chapter 1
Chapter 2
Chapter 3
Chapter 4
Chapter 5
Chapter 6

6 サンプルデータを含めて追加した場合は、そのレコードが一覧表示されます。各レコードの ▤ をクリックすると……、

7 フォーム画面が表示され、データの詳細を確認できます。

　以降の使い方は、これまでに解説してきたアプリ（自分で作成したアプリ）と同じです。入手したアプリをそのまま利用しても構いませんし、⚙ をクリックしてアプリの編集画面を開き、フィールドの追加／削除などのカスタマイズを施しても構いません。

アプリに用意されている機能

　配布されているアプリの中には、「自動計算」や「プロセス管理」などが設定されているものもあります。この場合、各機能が利用するフィールドを削除することはできません。また、「プロセス管理」の作業者の指定など、各自の状況に合わせて若干のカスタマイズが必要になる場合もあります。

第4章

kintoneを使った
コミュニケーション

第4章では、kintone を使ったコミュニケーションについて解説していきます。SNS のようにユーザー同士で連絡を取り合ったり、チームメンバーで情報を共有したり、掲示板（スレッド）で議論したり、といったことをkintone 上で行うことも可能です。社内コミュニケーションツールの一つとして活用してください。

23 お知らせ掲示板

まずは、ポータル画面にある「お知らせ掲示板」を編集する方法を解説します。単に文章を記載するだけでなく、文字の書式も指定できるので、kintoneユーザー全員に向けた告知版として活用できます。

ポータル画面にある「お知らせ」の編集

kintoneのポータル画面には、「お知らせ掲示板」という領域が用意されています。この領域は、社内のkintoneユーザー全員に向けて、告知やメッセージなどを伝える場所として活用できます。ポータル画面は「kintoneにログインした直後に目にする画面」となるため、社員全員が共有すべき重要なメッセージ、情報などを記載しておくとよいでしょう。「お知らせ掲示板」の内容を変更するときは、以下のように操作します。

1 システム管理者のユーザーでkintoneにログインし、「お知らせ掲示板」の領域にある □ をクリックします。

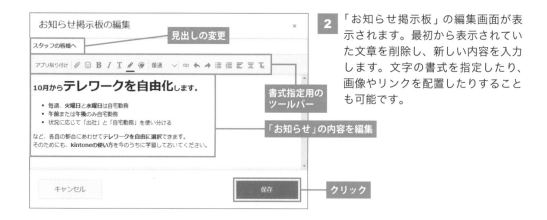

2 「お知らせ掲示板」の編集画面が表示されます。最初から表示されていた文章を削除し、新しい内容を入力します。文字の書式を指定したり、画像やリンクを配置したりすることも可能です。

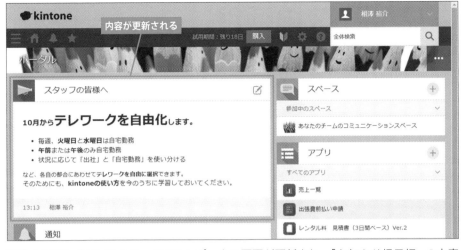

Chapter 1
Chapter 2
Chapter 3
Chapter 4
Chapter 5
Chapter 6

3 ［保存］ボタンをクリックするとポータル画面が更新され、「お知らせ掲示板」の内容
が更新されます。

　もちろん、他のユーザーでログインした場合も、ポータル画面に同じ「お知らせ掲示板」が
表示されます。ユーザーごとに内容を変更する機能は用意されていないため、「お知らせ掲
示板」には社内全体（kintoneユーザー全員）に向けた情報を記載するのが基本です。

図23-1　「お知らせ掲示板」の表示

「お知らせ掲示板」を編集できるユーザー

　「お知らせ掲示板」を編集できるのは、kintoneのシステム管理者だけです（P80参照）。
一般ユーザーが「お知らせ掲示板」の内容を変更したいときは、システム管理者に作業を依
頼する必要があります。

24 スペースの活用

社内のkintoneユーザー全員で情報を共有するのではなく、特定のユーザーだけ
で情報を共有したい場合もあると思います。このような場合に活用できるのが
「スペース」です。続いては、スペースの使い方を解説していきます。

スペースとは？

ポータル画面の右上には、「スペース」の一覧を表示する領域が用意されています。スペー
スは、「特定のユーザーだけで情報を共有できる場所」と考えることができます。ポータル画
面が「全ユーザーを対象にしたホーム画面」であるのに対して、スペースは「チーム内のメン
バーだけを対象にしたホーム画面」になります。たとえば、

- プロジェクトに関わるユーザーが情報を交換する場所
- クラブやサークルの活動日程を伝える場所

などの用途にスペースを活用できます。

図24-1　スペースのトップ画面

スペースの作成手順

それでは、スペースの作成手順を解説していきましょう。新しいスペースを作成するときは、以下のように操作します。

1 「スペース」の領域にある ⊞ をクリックします。サブメニューが表示された場合は、「スペースを作成」を選択します。

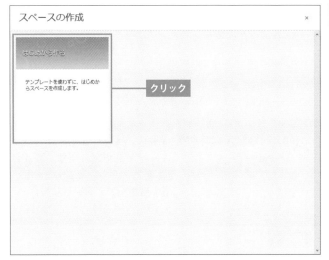

2 このような画面が表示されるので、「はじめから作る」をクリックします。

Chapter 1

Chapter 2

Chapter 3

Chapter 4

Chapter 5

Chapter 6

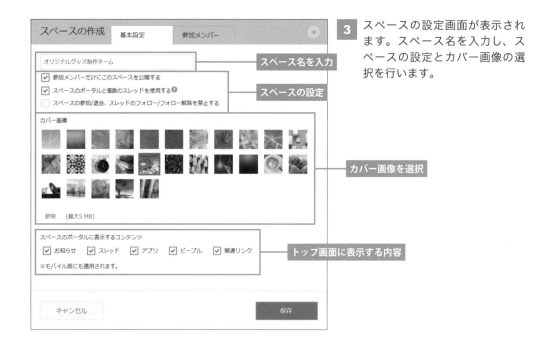

3 スペースの設定画面が表示されます。スペース名を入力し、スペースの設定とカバー画像の選択を行います。

・スペース名を入力
・スペースの設定
・カバー画像を選択
・トップ画面に表示する内容

スペースの設定

　各項目をチェックすると、それぞれ以下のように設定が行われます。

・参加メンバーだけにこのスペースを公開する
　スペースを閲覧できるユーザーを参加メンバーだけに限定します。

・スペースのポータルと複数のスレッドを使用する
　スペースのトップ画面を用意し、複数のスレッドを作成できるようにします。
　※この項目はチェックしておくのが基本です。

・スペースの参加/退会、スレッドのフォロー/フォロー解除を禁止する
　スペースからの退会、スレッドのフォロー解除を禁止します。未参加のユーザーがスペースに参加したり、スレッドをフォローしたりする操作も禁止されます。

・このタブを選択
・クリック

4 続いて［参加メンバー］タブを選択し、スペースに参加させるユーザーを指定します。まずは🔲をクリックします（ユーザー名で検索しても構いません）。

5 スペースに参加させるユーザーをクリックして選択します。

6 このとき「組織」を選択して、その組織に所属するユーザー全員を指定することも可能です。参加ユーザーを選択できたら [追加] ボタンをクリックします。

7 スペースに参加するユーザーが一覧表示されます。スペースの管理者となるユーザーを指定してから [保存] ボタンをクリックします。

Chapter 1

Chapter 2

Chapter 3

Chapter 4

Chapter 5

Chapter 6

8 以上で、新しいスペースの作成は完了です。スペースのトップ画面が表示されます。

　🏠 をクリックしてポータル画面に戻ると、「スペース」の領域にスペース名が追加されているのを確認できます。このスペース名をクリックすると、そのスペースのトップ画面へ移動できます。

図24-2　スペースを作成した後のポータル画面

ゲストスペースの作成

　kintoneのシステム管理者は、社外の人も参加できる「ゲストスペース」を作成できます。ゲストスペースを作成するときは、P165の手順1で「ゲストスペースを作成」を選択します。ただし、ゲストとして参加するユーザーの人数分だけ、ゲストユーザーを追加契約しておく必要があります。

※ゲストとして参加する人が（その人が勤めている会社で）すでにkintoneを利用している　場合は、ゲストユーザーの追加は必要ありません。

スペースの「お知らせ掲示板」

スペースのトップ画面にも「お知らせ掲示板」が用意されています。こちらは、スペースの参加メンバーだけに情報を伝える告知欄として活用できます。なお、「お知らせ掲示板」を編集できるのは、**スペースの管理者**に指定したユーザーだけです。

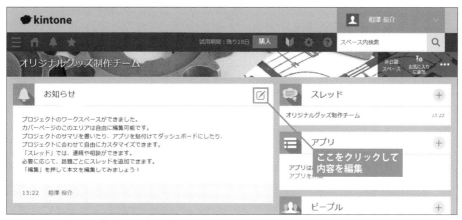

図24-3　スペースの「お知らせ掲示板」

スレッドの作成と投稿

スペースの中には、メンバー同士で情報を交換したり、議論したりできる**スレッド（掲示板）**を作成できます。新しいスレッドを作成するときは、スレッドの領域にある ＋ をクリックします。

図24-4　新しいスレッドの作成

続いて、スレッドのタイトルと本文を入力して［保存］ボタンをクリックすると、新しいスレッドを作成できます。

図24-5　スレッドのタイトルと本文の入力

新しいスレッドを作成すると、スペースに参加しているユーザーに**通知**が届く仕組みになっています。このため、新しいスレッドが作成されたことをメンバーが見落とす心配はありません。

図24-6　スレッドが作成されたことを示す通知

Chapter 1

Chapter 2

Chapter 3

Chapter 4

Chapter 5

Chapter 6

スレッドのフォローについて

　以降も、スレッドに新しいコメントが投稿される度に、その旨がメンバー全員に通知されます。ただし、スレッドのフォローを解除しているユーザーには通知されません。

　フォローの解除を禁止するときは、スペースのトップ画面にある ••• から「スペースを設定」を選択し、「スペースの参加／退会、スレッドのフォロー／フォロー解除を禁止する」にチェックを入れます（P166手順3を参照）。

　もちろん、チーム内のメンバーがスレッド（掲示板）に次々とコメントを投稿していくことが可能です。スレッドにコメントを投稿するときは、そのスレッドの画面を開いて「投稿する」の文字をクリックします。

図24-7　スレッドへの投稿

スレッド内のコメントは、新しいものほど上に表示されます。SNSのように「いいね！」をしたり、コメントに返信したりする機能も用意されています。

図24-8　スレッドの表示例

また、スレッドにコメントを入力する際に**宛先指定**を行うことも可能です。「宛先指定」をクリックすると@が自動入力されるので、この@に続けて宛先のユーザー名を指定します。

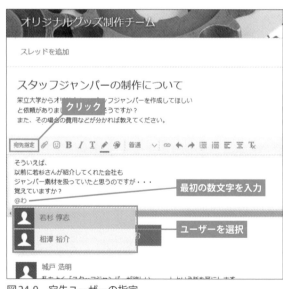

図24-9　宛先ユーザーの指定

宛先を指定すると、そのユーザーがスレッドのフォローを解除していても、ポータル画面に**通知**が届くようになります。このため、相手が「投稿を見逃してしまうかも？」と心配する必要がなくなります。

スレッドの削除

　不要になったスレッドを削除するときは、そのスレッドを開き、… から「スレッドを削除」を選択します。なお、この操作を実行できるのは「スレッドを作成したユーザー」もしくは「スペースの管理者」となります。

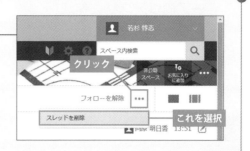

Chapter 1
Chapter 2
Chapter 3
Chapter 4
Chapter 5
Chapter 6

関連リンクの指定

　スペースのトップ画面には、「関連リンク」という領域も用意されています。この領域は、アプリや他のスペースへのリンクを設置する場合に利用します。

図24-10　関連リンクの追加

　たとえば、よく使うアプリへのリンクを設置しておくと、ポータル画面に戻らなくても、すぐにアプリを利用できるようになります。

図24-11　「関連リンク」の編集画

図24-12　「関連リンク」の指定例

173

スペース内にアプリを作成

　スペース内にアプリを作成することも可能です。この場合は、スペースのトップ画面で「アプリ」の領域にある ⊞ をクリックします。アプリの作成手順は、ポータル画面からアプリを作成する場合と同じです。

図24-13　スペース内に作成したアプリ

　スペース内に作成したアプリは、そのスペースに参加しているユーザーだけが利用できるアプリになります。このため、アプリのアクセス権（P76 ～ 79参照）を設定する手間を省略できます。スペース外のユーザーがアプリのデータを閲覧したり、修正したりすることはできません。

　なお、「スペース内のアプリ」はポータル画面にも表示される仕様になっています。とはいえ、これはスペースに参加しているユーザーに限った話です。スペースに参加していないユーザーのポータル画面には、スペース内のアプリは表示されません。

図24-14　スペースに参加していないユーザーのポータル画面

スペースの削除

　最後に、スペースを削除するときの操作手順を紹介しておきます。不要になったスペースを削除するときは、スペースのトップ画面にある **...** をクリックし、「**スペースを削除**」を選択します。もちろん、この操作を実行できるのは**スペースの管理者**だけです。

図24-15　スペースの削除

　スペースを削除すると、**スペース内に作成したスレッドやアプリも一緒に削除されます。**このため、間違ってスペースを削除すると、大切なデータを失ってしまう恐れがあります。くれぐれも注意するようにしてください。

　なお、スペースを削除してから14日間以内であれば、スペースを復旧できる機能も用意されています。この機能の使い方は、P206～210で詳しく解説します。

Chapter 1
Chapter 2
Chapter 3
Chapter 4
Chapter 5
Chapter 6

25 アプリのコメントと通知機能

アプリに登録されているレコードに対してコメントを残すことも可能です。続いては、アプリ内のデータと関連付けながら、他のkintoneユーザーとコミュニケーションをとる方法を解説します。

レコードにコメントを残す

アプリに登録されているデータ（レコード）に対して質問や疑問がある場合、もしくは告知事項などがある場合は、そのレコードに対してコメントを残すのが効果的です。アプリ内の各レコードにはコメントの入力欄が用意されています。このため、備考欄などを用意していないアプリでも自由にコメントを残すことができます

レコードに対してコメントを残すときは、そのレコードの詳細画面（フォーム画面）を開き、「コメントする」の文字をクリックします。

図25-1　レコードにコメントを残す場合

続いて、コメントの本文を入力し、［書き込む］ボタンをクリックすると、そのレコードにコメントが記録されます。この際に宛先指定を行うことも可能です。

図25-2　コメントの入力

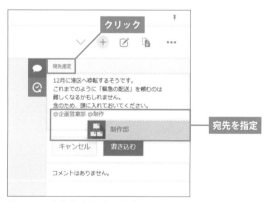

図25-3　宛先指定をする場合

宛先指定をした場合は、コメントの書き込みがあったことを知らせる**通知**が宛先に指定したユーザーに届きます。前ページのように「組織」を宛先にした場合は、その組織に所属する全ユーザに通知が届きます。

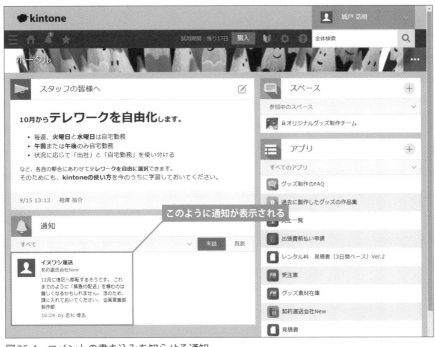

図25-4　コメントの書き込みを知らせる通知

各レコードのコメント欄をスレッド（掲示板）のように利用して、次々とコメントを追記していくことも可能です。このように、レコードのコメント欄でコミュニケーションを交わしていく方法もあります。

図25-5　レコードに追加されたコメント

アプリの通知機能の設定

そのつど宛先指定をしなくても、関係者に自動的に通知が届くようにアプリの設定を変更することも可能です。「コメントの書き込み」や「データの更新」があった際に自動的に通知を届けたい場合は、「**アプリの条件通知**」の設定を変更します。

図25-6　アプリの通知機能の設定変更

すると、以下のような設定画面が表示されます。最初は、「**レコードを作成したユーザー**」（作成者フィールド）、ならびに「**レコードを更新したユーザー**」（更新者フィールド）に対して、「コメントの書き込み」を知らせる通知が自動送信されるように初期設定されています。

図25-7　「アプリの条件通知」の初期設定

🔁 をクリックして対象にする「ユーザー」または「組織」を追加し、通知を届ける条件を指定すると、アプリからの自動通知を設定できます。たとえば、図25-8のように設定すると、「企画営業部」と「制作部」のユーザーに対して、「レコードの追加／編集」や「コメントの書き込み」が行われた際に自動通知が送信されます。

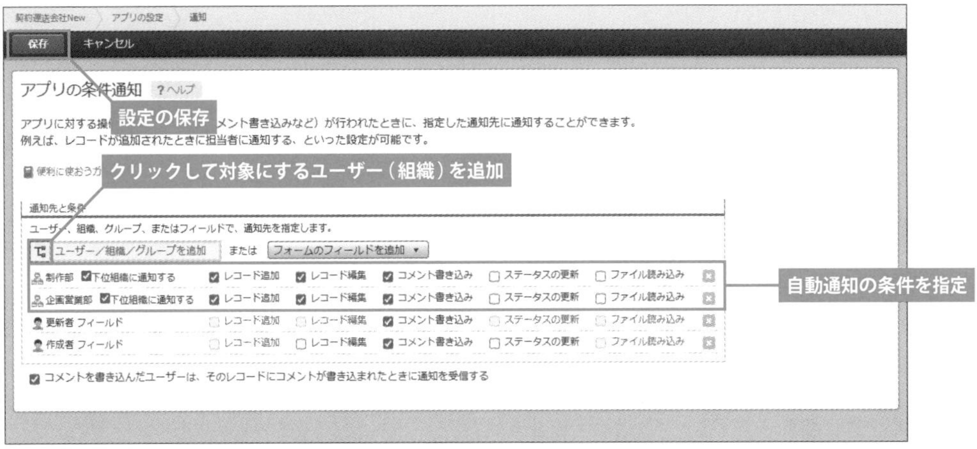

図25-8　「アプリの条件通知」の設定例

26 通知の管理

これまでにも解説してきたように、ポータル画面にある「通知」の領域には、スレッドやアプリなどから多くの通知が届きます。続いては、通知をまとめて確認したり、通知を整理したりする方法を解説します。

通知の確認

ポータル画面に届いた通知をまとめて確認することも可能です。この場合は、いずれかの通知をクリックします。

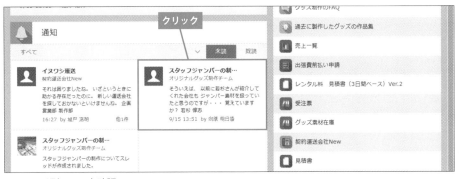

図26-1　通知の一斉確認

すると、左側に「**通知の一覧**」、右側に「**アプリやスレッド**」が配置された画面が表示されます。この画面で通知を順番にクリックしていくと、届いた通知の内容を短時間で確認できます。アプリ名やスレッド名をクリックして、通常の画面でアプリやスレッドを表示することも可能です。

図26-3　通知の一括確認

既読通知の確認

　いちど確認した通知は**既読**として処理されるため、以降はポータル画面に表示されなくなります。とはいえ、もういちど通知を確認したい場合もあるでしょう。このような場合は、通知の表示を「既読」に切り替えると、既読の通知を一覧表示できます。

図26-3　「既読」の通知の一覧表示

Chapter 1

Chapter 2

Chapter 3

Chapter 4

Chapter 5

Chapter 6

通知の未読／既読を自分で指定することも可能です。それぞれの通知の上にマウスを移動して⊠をクリックすると、その通知を**既読**に変更できます。これとは逆に、「既読」の一覧を開いて⊞をクリックすると、その通知を**未読**に戻すことができます。

図26-4　未読／既読の指定

� をクリックした場合は、その通知を「あとで読む」に指定できます。「あとで読む」に指定した通知は、∨から「あとで読む」を選択すると一覧表示できます。

図26-5　「あとで読む」を指定した通知を表示する操作

27 個人メッセージの送信

kintoneには、個人宛にメッセージを送信できる機能も用意されています。このメッセージは送信者と受信者だけが内容を閲覧できるため、LINEと同じような感覚で利用できます。続いては、メッセージの使い方を解説します。

個人メッセージの送信方法

他のユーザーにメッセージを送信するときは、画面右上にある検索欄に「宛先のユーザー名」を2～3文字ほど入力し、表示された検索結果の右端にある 👤 をクリックします。続いて、「**メッセージを送る**」の文字をクリックすると、メッセージの入力画面が表示されます。

図27-1 宛先の選択とメッセージの送信

メッセージを受信したユーザーのポータル画面には、以下のような**通知**が届きます。この通知をクリックすると、メッセージの内容を確認できます。

図27-2 宛先のユーザーに届く通知

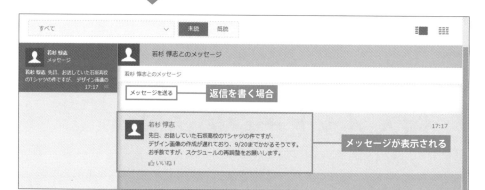

図27-3 メッセージの閲覧

なお、過去に送受信したメッセージを確認するときは、相手（送信者）のユーザー名を検索し、をクリックします（メッセージを送る場合と同じ操作）。すると、過去に送受信したメッセージを一覧表示できます。メッセージ機能は、「自分と相手だけが使える専用の掲示板」と考えると概要を把握しやすいかもしれません。

図27-4 送受信したメッセージの確認

第5章

プラグインの活用

kintone にプラグインを導入して、各種機能を拡張した
り、カスタマイズしたりすることも可能です。第5章では、
プラグインの概要と導入方法について簡単に紹介しておき
ます。kintone をさらに便利なプラットフォームにする
ために、プラグインの使い方も頭に入れておいてください。

28 プラグインの概要と検索

プラグインは、kintoneの機能を拡張してくれるプログラムです。プログラムといっても自分で開発を行う必要はありません。インターネットで配布（販売）されているプラグインを入手することで、すぐに利用を開始できます。

プラグインとは？

kintoneには業務を効率よく進めるための機能が数多く用意されていますが、「こんな機能もあればもっと便利なのに……」と感じてしまう場合もあるでしょう。このような場合に活用できるのが**プラグイン**です。プラグインはkintoneの機能を拡張してくれるプログラムで、アプリにさまざまな機能を追加したり、画面表示をカスタマイズしたりできます。

たとえば、「会議室予約」のアプリをkintoneで作成したとしましょう。この場合、会議室の予約情報（開始日時、終了日時、利用目的など）を登録する作業は問題なく進められますが、これらのデータを一覧表示しても決して見やすい表にはなりません。

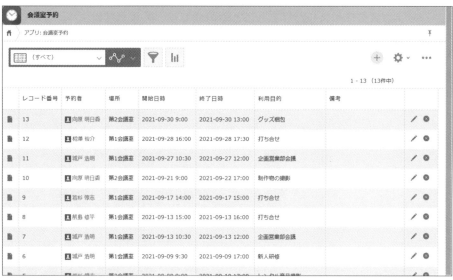

図28-1　会議室の予約情報をまとめたアプリ

プラグインはスタンダードコースのみ利用可能

プラグインはJavaScriptを使ったプログラムになるため、kintoneをライトコースで契約している場合は利用できません。プラグインを利用するには、スタンダードコースを契約する必要があります。

---

kintoneには、データを**カレンダー形式**で一覧表示する機能も用意されています。ただし、カレンダーには「1つのフィールド」しかデータを表示できないため、あまり使い勝手のよくないアプリになってしまう場合もあります。たとえば、「利用目的」と「場所」（第1会議室／第2会議室）の2つのフィールドを表示する、などの使い方には対応していません。

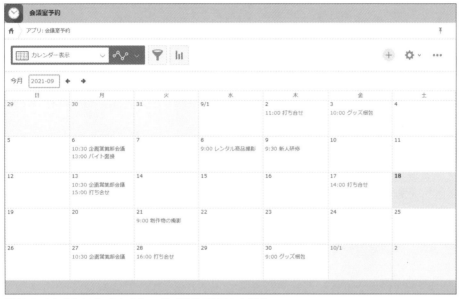

図28-2　アプリのデータをカレンダー形式で表示した場合

カレンダー形式の表示指定

　アプリのデータをカレンダー形式で表示するときは、P56の手順1〜2に示した手順で「新しい一覧」を作成し、表示形式に「カレンダー形式」を選択します。続いて、「日付が入力されているフィールド」と「カレンダー上に表示するフィールド」を指定すると、カレンダー形式の一覧表示を作成できます。

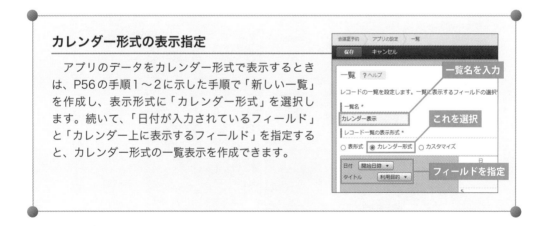

　このような場合にプラグインを導入すると、より見やすい形式のカレンダー表示にカスタマイズできます。

　図28-3は、先ほど示した例を「**kintone イベントカレンダー**」というプラグインを使って表示した場合の例です。日付をまたぐデータにも対応できるようになりますし、色分けによって「場所」（第1会議室／第2会議室）を示すことも可能となります。このため、より見やすい一覧表示に仕上げることができます。

Chapter 1
Chapter 2
Chapter 3
Chapter 4
Chapter 5
Chapter 6

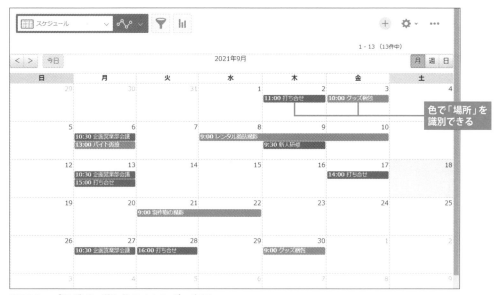

図28-3　プラグイン導入後のカレンダー表示

　さらに、週単位や日単位でカレンダーを表示することも可能となります。「開始時刻」と「終了時刻」を一目で把握できるだけでなく、各データをドラッグして、カレンダー上で「開始日時」や「終了日時」を変更できる機能も追加されます。

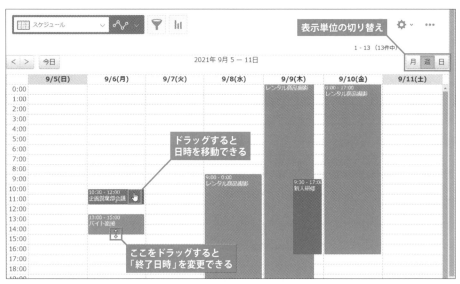

図28-4　「週次カレンダー」でデータを表示した場合

　このように、kintoneの機能を用途に合わせて拡張してくれるのがプラグインです。もちろん、カレンダー表示のほかにも数多くのプラグインが提供されています。たとえば、「印刷機能を拡張するプラグイン」、「郵便番号から住所を自動入力するプラグイン」、「入力値をチェックするプラグイン」、「アプリを丸ごとバックアップするプラグイン」など、用途にあわせて様々なプラグインが提供されています。

プラグインの検索とダウンロード

　プラグインはサードパーティ製（※1）のものが多いため、目的のプラグインを探し出すにはネット検索を行う必要があります。たとえば、印刷用のプラグインを探すときは「kintone　プラグイン　印刷」、郵便番号から住所を自動入力するときは「kintone　プラグイン　郵便番号」といった具合に、「kintone」と「プラグイン」に続けて（用途）や（目的）をキーワードに指定してネット検索を行います。

（※1）kintoneの開発元であるサイボウズ（株）ではなく、別の企業（開発メーカー）から提供されている製品、サービスのこと。

図28-5　kintone用のプラグインの検索例

　続いて、プラグインを提供しているWebサイトから**zip形式のファイル**をダウンロードすると、プラグインを入手できます。このとき、「無料のプラグイン」と「有料のプラグイン」があることに注意してください。「有料のプラグイン」は購入前に動作をテストできる**試用版**が配布されているケースが多いので、機能や使い方をよく確認してから購入するようにしてください。

　各社から提供されているプラグイン情報をまとめたWebサイトもあります。たとえば、SmaBiz!の「kintone　プラグインマーケット」では、数多くのプラグインが目的別に紹介されています。このWebサイトからプラグインを購入することも可能です。「どんなプラグインが提供されているのか？」を確認するときにも役に立つので、気になる方は参照にしてみるとよいでしょう。

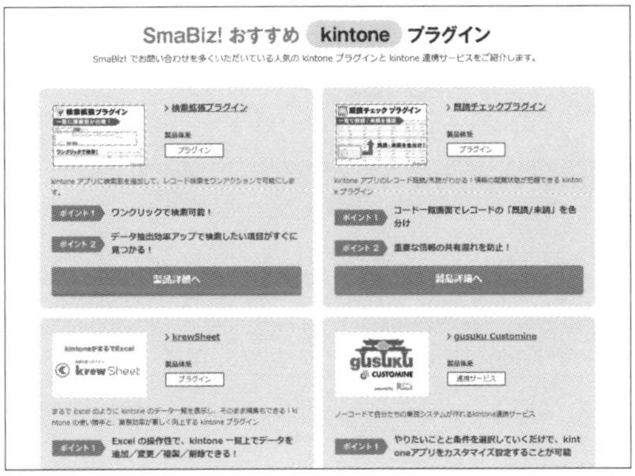

図28-6　SmaBiz!「kintone プラグインマーケット」
　　　　（https://smabiz.jp/lp/kintone-plugin/）

Chapter 1
Chapter 2
Chapter 3
Chapter 4
Chapter 5
Chapter 6

29 プラグインのインストール

プラグインを入手できたら、次はプラグインのインストールを行います。以下に示した手順でkintoneにプラグインをインストールすると、そのプラグインを利用するための準備が整います。

サンプルプラグインのダウンロード

ここでは「cybozu developer network」で配布されているプラグインを使って、プラグインのインストール手順を解説していきます。ここにあるプラグインは、サイボウズがサンプルとして配布しているものなので、誰でも無償で利用できます。ただし、あくまでサンプルとなるため、動作は保証されていません。また、技術的なサポートなども受けられないことに注意してください。

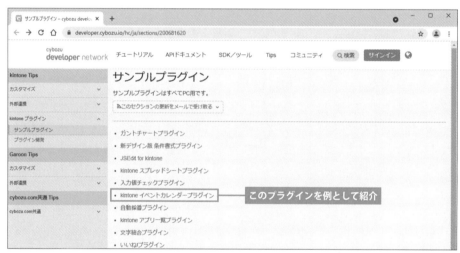

図29-1　「cybozu developer network」のプラグインのページ
　　　　（https://developer.cybozu.io/hc/ja/sections/200681620）

今回は、「kintone イベントカレンダー」というプラグインを利用します。詳細ページへ移動し、下へスクロールしていくと、「SAMPLE_eventcalendar_v1.4.zip」というリンクが見つかります。このリンクをクリックすると、プラグイン（zipファイル）をダウンロードできます。

図29-2　「kintone イベントカレンダー」プラグインのダウンロード

プラグインのインストール手順

　それでは、kintoneにプラグインをインストールする手順を解説していきましょう。この手順は以下のようになります。サードパーティから提供されているプラグインも、同様の手順でプラグインをインストールできます。

1 「システム管理者」のユーザーでログインし、⚙ から「kintoneシステム管理」を選択します。

2 kintoneシステム管理の画面が表示されるので、「その他」の項目にある「プラグイン」をクリックします。

Chapter 1
Chapter 2
Chapter 3
Chapter 4
Chapter 5
Chapter 6

3 　プラグインの管理画面が表示されます。[読み込む]ボタンをクリックします。

4 　[参照]ボタンをクリックしてプラグインの zip ファイルを指定し、[読み込む]ボタン をクリックします。

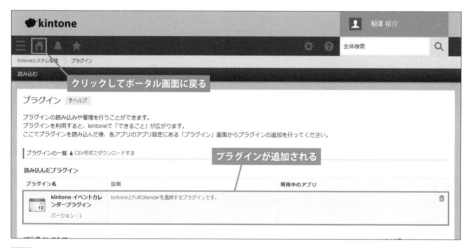

5 　以上で、プラグインのインストールは完了です。一覧にプラグインが追加されている ことを確認してから、　　をクリックしてポータル画面に戻ります。

プラグインのアンインストール

　不要になったプラグインを削除するときは、前ページの手順1～2の操作でプラグイン の管理画面を表示し、各プラグインの右端に表示されている 　 のアイコンをクリッします。

30 アプリにプラグインを追加する

プラグインをインストールしただけでは、まだプラグインを利用することはできません。プラグインを利用するには、アプリにプラグインを追加して設定する必要があります。続いては、これらの操作手順について解説します。

プラグインの利用に必要なフィールド

プラグインを利用するには、そのプラグインが必要とするフィールドをアプリに配置しておく必要があります。今回、例として紹介している「kintone イベントカレンダー」の場合、

- 「文字列（1行）」フィールド ……………… カレンダーに表示する文字
- 「日時」フィールド ……………………………… 開始日時の指定
- 「日時」フィールド ……………………………… 終了日時の指定

といった3つのフィールドが必要になります。よって、以下の図のようにフォーム画面を作成しました。

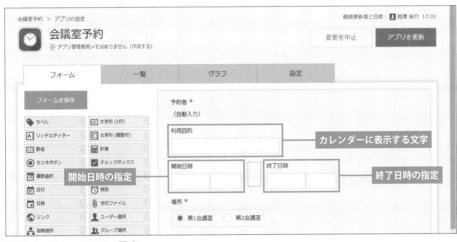

図30-1　フォーム画面の設定

また、各データを色分けして表示するには、**プロセス管理**の**ステータス**を変化させる必要があります。そこで、以下のようにプロセス管理を設定しました（プロセス管理の詳細はP143 〜 150を参照）。

（データ保存後に）
- ［第1会議室を予約］ボタンをクリック ……………… ステータスを「第1」に変更
- ［第2会議室を予約］ボタンをクリック ……………… ステータスを「第2」に変更

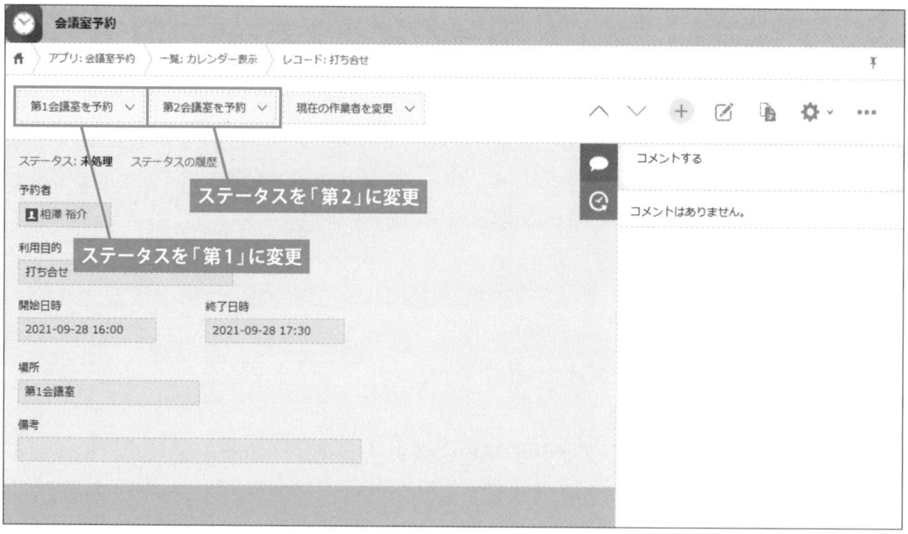

図30-2　データ保存後に表示されるボタン

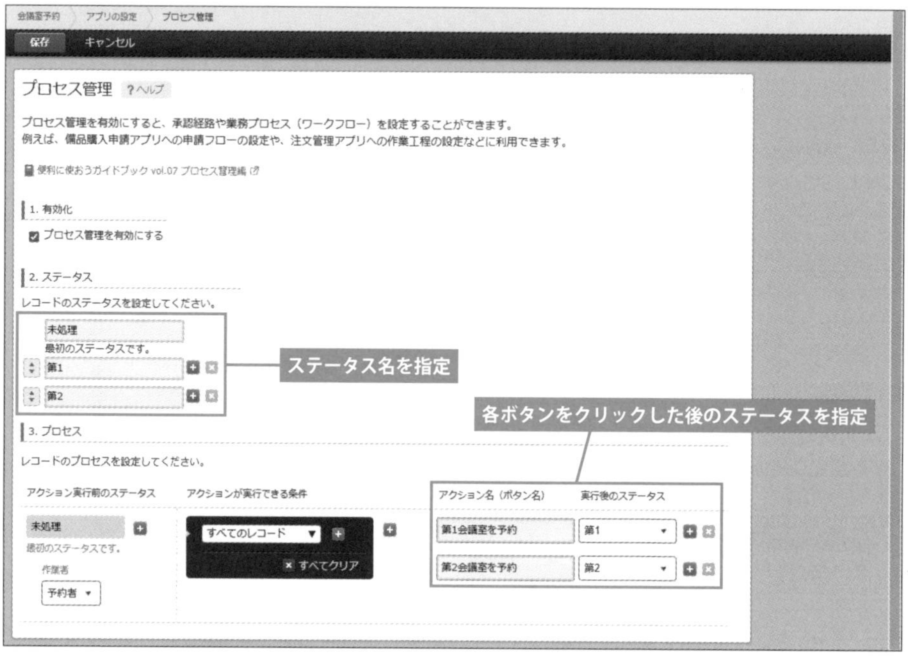

図30-3　プロセス管理の設定

　このプロセス管理は、申請／承認などのワークフローを行うものではなく、ステータスを変更することを目的にしています。このように、プラグインによってはプロセス管理の設定が必要になる場合もあります。

　なお、「必要となるフィールド」や「設定すべき内容」は、利用するプラグインに応じて変化します。これらの情報は、プラグインを配布しているWebサイトに記載されているのが一般的です。詳しくは、各プラグインの紹介ページやヘルプなどを参照してください。

アプリにプラグインを追加する手順

次は、アプリにプラグインを追加し、プラグインを機能させるための設定を行います。
プラグインの追加は、以下のように操作すると実行できます。

1 アプリの設定画面を開き、[設定]タブにある「プラグイン」をクリックします。

2 このような画面が表示されるので、[プラグインの追加]ボタンをクリックします。

3 追加するプラグインをチェックし、[追加]ボタンをクリックします。

4 アプリにプラグインが追加されます。

Chapter 1
Chapter 2
Chapter 3
Chapter 4
Chapter 5
Chapter 6

ここまでの操作手順は、どのプラグインを利用する場合も同じです。続いて、プラグインの設定を行います。この操作手順は利用するプラグインに応じて異なるので、詳しくはプラグインの紹介ページなどを参照してください。

プラグインの設定

　ここでは参考として、「kintone イベントカレンダー」のプラグインを利用するときの設定手順を紹介しておきます。

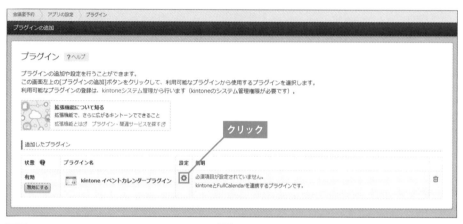

1 アプリにプラグインを追加できたら、⚙をクリックしてプラグインの設定画面を開きます。

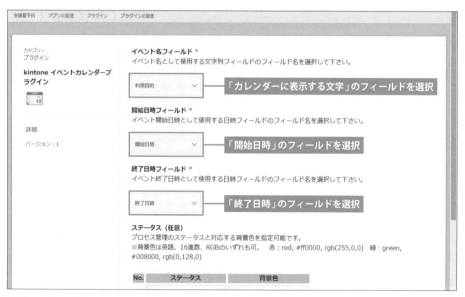

2 まずは、「カレンダーに表示する文字」、「開始日時」、「終了日時」に対応するフィールドを指定します。

Chapter 1

Chapter 2

Chapter 3

Chapter 4

Chapter 5

Chapter 6

ステータス（任意）
プロセス管理のステータスと対応する背景色を指定可能です。
※背景色は英語、16進数、RGBのいずれも可。　赤：red, #ff0000, rgb(255,0,0)　緑：green, #008000, rgb(0,128,0)

No.	ステータス	背景色
1	第1	#ff0000
2	第2	#3399ff
3		
4		
5		

各ステータスに対応する色を指定

クリック

保存する　　キャンセル

3 続いて、各ステータスに対応する色を「RGBの16進数表記」などで指定します。今回は、ステータスが「第1」のときは赤色（#ff0000）、「第2」のときは青色（#3399ff）でデータを表示するように設定しました。

4 ［保存する］ボタンをクリックすると、手順1の画面に戻ります。ただし、まだ設定は反映されていません。「アプリの設定」をクリックし、アプリの設定画面に戻ります。

5 ［アプリを更新］ボタンをクリックすると、設定変更が反映され、プラグインが正しく機能するようになります。

以上が「kintone イベントカレンダー」のプラグインを利用するときの設定手順になります。アプリの画面に戻ると、「プラグインを使ったカレンダー形式」でデータが表示されているのを確認できます。もちろん、週単位や日単位でのカレンダー表示、ドラッグ操作による日時の変更なども行えるようになります。

　ちなみに、データの表示方法は「**一覧**」を使って切り替える仕組みになっています。一覧に「**スケジュール**」を選択すると、このプラグインを使ったカレンダー形式でデータを表示できます。もちろん、（**すべて**）を選択して表形式でデータを表示したり、自作の一覧表示に切り替えたりすることも可能です。

図30-4　プラグインを使ったデータのカレンダー表示

　なお、予約の重複などをチェックする機能は装備されていないことに注意してください。「kintone イベントカレンダー」はカレンダー表示を拡張するプラグインでしかないため、ダブルブッキングなどのミスは人の目で確認する必要があります。

モバイル端末と各種設定

外出先からスマートフォンなどを使って kintone にアク
セスする場合もあると思います。第 6 章では、「モバイル
端末から kintone を操作する方法」や「覚えておくと便利
な機能や設定」などについて紹介します。

31 モバイル端末からの利用

外出先でスマートフォンやタブレットを使ってkintoneにアクセスする場合もあると思います。この場合もWebブラウザを利用します。そのほか、Android端末やiOS端末にインストール可能な「モバイルアプリ」も用意されています。

Webブラウザを使ったアクセス

kintoneはWebブラウザを使ってアクセスするサービスになるため、スマートフォンやタブレットからでも問題なく利用できます。Webブラウザにkintoneの**URL**を入力し、ログイン名とパスワードを入力するだけで、すぐにkintoneの利用を開始できます。

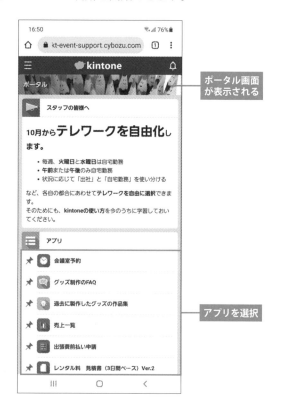

図31-1　スマートフォンからのアクセス

アプリをタップして開くと、レコードの一覧画面が表示されます。続いて、各レコードをタップすると、そのレコードの詳細画面を表示できます。モバイル端末の場合は、それぞれのフィールドが縦一列に配置されて表示されます。

もちろん、新たにレコードを追加する、既存のデータを編集する、一覧の表示方法を変更する、フィルターでデータを絞り込む、各レコードのコメントを閲覧する、などの操作も行えます。

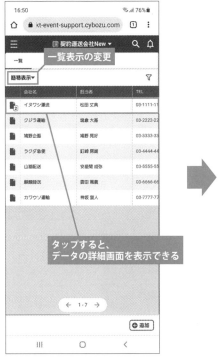

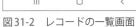

一覧表示の変更

フィルター

タップすると、
データの詳細画面を表示できる

左右にスクロール表示できる

レコードの追加

図31-2　レコードの一覧画面

■データの閲覧画面

コメントの閲覧へ

データの編集へ

■データの編集画面

■コメントの閲覧画面

コメントの追加

図31-3　データの閲覧と編集

Chapter 1

Chapter 2

Chapter 3

Chapter 4

Chapter 5

Chapter 6

通知を確認するときは、画面の右上にある🔔をタップします。☰をタップしてメニューを表示すると、スペースなどのページへ移動できるようになります。

図31-4　メニューの表示

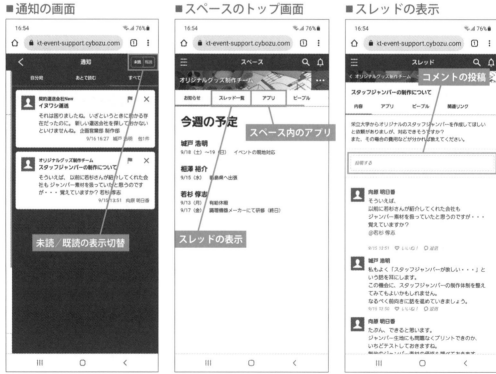

図31-5　通知、スペース、スレッドの表示

このように、モバイル端末のWebブラウザでも一般的な操作は十分に行えます。外出先など、手元にパソコンがないときもkintoneを利用することが可能です。

PC版の画面で操作したい場合は？

モバイル版のkintoneに用意されていない操作を行うときは、以下のように操作してPC版の表示に切り替えます。

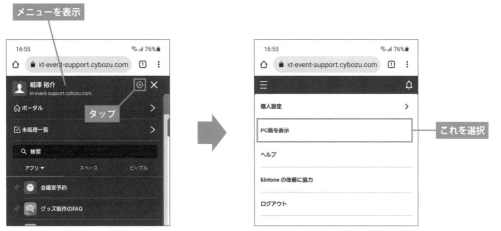

図31-6　PC版への切り替え

すると、パソコン版と同じ画面でkintoneを利用できるようになります。画面表示が小さいため少し操作しづらくなりますが、アプリの設定変更なども行えるようになります。

図31-7　モバイル端末にPC版の画面を表示

図31-8　モバイル版の画面に戻す操作

Chapter 1
Chapter 2
Chapter 3
Chapter 4
Chapter 5
Chapter 6

Android／iOS向けモバイルアプリの活用

　Android端末やiOS端末に向けて、モバイルアプリも用意されています。これらのアプリは、PlayストアやApp Storeで「kintone」をキーワードにして検索すると発見できます。もちろん、誰でも無料でインストールできます。

■ ポータル画面

■ メニュー画面

■ データの編集画面

図31-9　モバイルアプリの画面

　モバイルアプリの使い方は、Webブラウザでkintoneを利用する場合と基本的に同じです。モバイルアプリの便利な点は、kintoneから通知が届いた際にスマートフォンのプッシュ通知で知らせてくれることです。このため、kintoneを開いていなくても通知の有無を確認でき、「メッセージを何時間も放置していた……」などのミスを回避できるようになります。

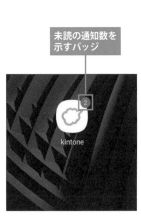

図31-10　通知のバッジ表示

図31-11　プッシュ通知の例

32 覚えておくと便利な機能

続いては、kintoneを利用する際に覚えておくと便利な機能をいくつか紹介しておきます。ここで紹介する機能も頭に入れておくと、より快適にkintoneを利用できるようになります。気になる方は試してみてください。

「お気に入りのアプリ」の登録

ポータル画面には10個までしかアプリが表示されないため、11個目以降のアプリを表示するには、そのつど「**さらに表示**」をクリックする必要があります。これでは目的のアプリを表示するまでに余計な手間がかかってしまいます。

そこで、よく使うアプリを「**お気に入りにのアプリ**」に登録しておくと、ポータル画面の使い勝手がよくなります。アプリを「**お気に入りのアプリ**」に登録するときは、そのアプリの画面を開き、右上にある┃をクリックします。

図32-1 「お気に入りのアプリ」に登録

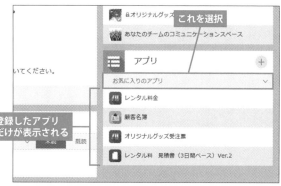
図32-2 「お気に入りのアプリ」の表示

「お気に入り」に登録したアプリの並び順を変更することも可能です。よく利用するアプリほど上に表示しておくと、さらに使い勝手を改善できます。

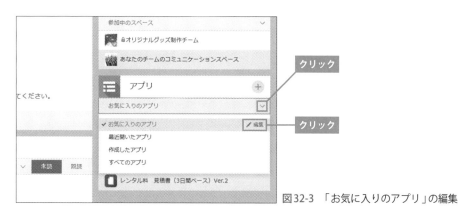
図32-3 「お気に入りのアプリ」の編集

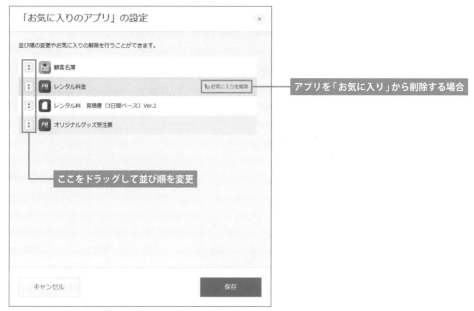

アプリを「お気に入り」から削除する場合

ここをドラッグして並び順を変更

図32-4　アプリの並び順の変更

同様に、よく利用するスペースを「お気に入り」に登録することも可能です。

図32-5　スペースを「お気に入り」に登録

図32-6　スペースの一覧の表示切り替え

Webブラウザのブックマークの活用

　それぞれのアプリやスペースには、個別のURLが割り当てられています。このため、よく使うアプリやスペースのWebページを「ブックマーク」に登録することも可能です。この場合は、アプリやスペースをフォルダーに分類して管理できます。

アプリの動作テスト

新たにアプリを作成したり、アプリを修正したりする際に、いきなり運用を開始するのではなく、事前に動作をテストしたい場合もあるでしょう。このような場合は「**アプリの動作テスト**」を使うと、入力したデータがテスト環境に保存されるようになり、本来の運用データに影響を与えることなく、アプリの動作をテストできます。

1 アプリの編集画面を開き、設定変更などを行います。

2 続いて、[設定] タブにある「アプリの動作テスト」をクリックします。

3 テスト環境でアプリが起動し、データ入力などのテストを行えるようになります。

テストが済んだら、アプリの編集画面に戻り、以下のいずれかのボタンをクリックして設定内容の反映／破棄を選択します。

[アプリを更新] ボタン ……………… 設定内容をアプリに反映させる場合
[変更を中止] ボタン ………………… 設定内容を破棄する場合

Chapter 1
Chapter 2
Chapter 3
Chapter 4
Chapter 5
Chapter 6

アプリ管理者用メモの作成

　それぞれのアプリに**管理者用のメモ**を残しておく機能も用意されています。このメモは「アプリ管理」の権限があるユーザーだけが閲覧/編集できます。一般のユーザーには表示されません。複数のユーザーでアプリを共同開発する場合などに、連絡用のメモ欄として活用することも可能です。

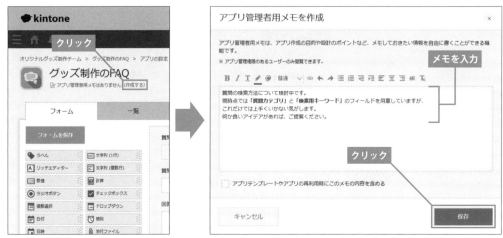

図32-7　アプリ管理者用メモの作成

削除したアプリ、スペースの復旧

　アプリやスペースを間違って削除してしまったときは、**削除してから14日以内**であれば復旧させることが可能です。この機能を使って復旧すると、アプリ内のデータやスペース内のデータを削除時点の状態に戻すことができます。アプリやスペースを復旧させるときは、以下のように操作します。

1 をクリックし、「kintone システム管理」を選択します。

Chapter 1

Chapter 2

Chapter 3

Chapter 4

Chapter 5

Chapter 6

2 「その他」のカテゴリにある「アプリ／スペースの復旧」をクリックします。

3 アプリやスペースを復旧するには、そのID番号を調べておく必要があります。「監査ログ」の文字をクリックし、ログの閲覧画面を開きます。

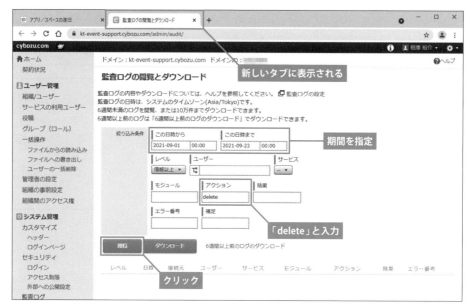

4　ログの絞り込み条件を指定します。まずは、適当な「期間」を指定します。続いて、アクションの項目に「delete」と入力すると、アプリやスペースの削除に関連するログだけを表示できます。

5　条件を満たすログが一覧表示されます。アプリやスペースを削除したときのログは、アクションの項目に「App delete」や「Space delete」と表示されています。日時やユーザーなども参考にしながら、復旧させるアプリのログの ⓘ をクリックします。

ログの並び順

　ログの一覧は、新しいログほど上に表示されています。このため、アプリやスペースを削除した直後であれば、一番上に表示されているログが求めている情報になるはずです。

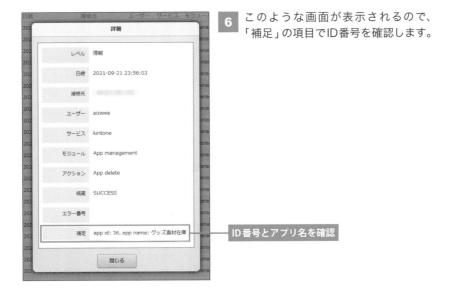

6 このような画面が表示されるので、「補足」の項目でID番号を確認します。

ID番号とアプリ名を確認

ID番号を入力

クリック

7 手順3の画面に戻り、先ほど調べたID番号を入力して [復旧] ボタンをクリックします。

8 確認画面が表示されるので、[このアプリを復旧] ボタンをクリックします。
※スペースの場合は [このスペースを復旧] ボタンをクリックします。

クリック

Chapter 1

Chapter 2

Chapter 3

Chapter 4

Chapter 5

Chapter 6

9 ポータル画面に戻ると、削除したアプリ（またはスペース）が復旧されていることを確認できます。

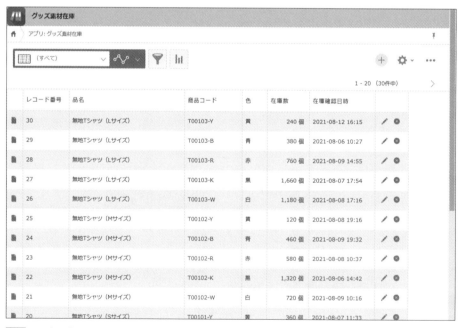

10 アプリやスペースを開くと、その中に登録されていたデータも一緒に復旧されていることを確認できます。

33　kintoneの契約

本書の冒頭でも紹介したように、kintoneの試用期間は30日間になります。それ以降も継続して利用する場合は、契約を交わす必要があります。続いては、契約時の操作や支払方法について紹介します。

kintoneの契約手順

「無料お試し」から正式な契約に切り替えるときは、画面上部に表示されている［購入］ボタンをクリックします。

図33-1　契約の開始

　すると、以下のような画面が表示されるので、「コース」、「ユーザー数」、「契約方法」（月額／年額）を指定し、会社の連絡先を入力します。続いて、支払方法を選択します。支払方法には、**クレジットカード／口座振替**[(※1)]／**請求書**のいずれかを指定できます。

（※1）口座振替は、2022年1月中旬（予定）まで新規受付が停止されています。

図33-2　契約時の入力画面

［ご発注内容の確認］ボタンをクリックすると、入力内容の確認画面が表示されます。以降
は、画面の指示に従って操作していくと、契約を交わすことができます。

34 セキュリティの強化

クラウド型のサービスは、どこからでも利用できるのが利点となります。その一方で、
セキュリティ面の不安を覚えることがあるかもしれません。そこで最後に、kintone
のセキュリティを強化する方法を紹介しておきます。

IPアドレス制限

kintoneを安全に運用していくには、各ユーザーが**ログイン名**と**パスワード**をしっかりと
管理していく必要があります。万が一、これらの情報が他人に知られてしまうと、顧客デー
タの流出など、重大な問題に発展してしまう恐れがあります。そこで、セキュリティを強化
するための機能がいくつか用意されています。これらの機能は、「**cybozu.com共通管理**」、
または「**cybozu.com Stroe**」（https://store.cybozu.com/）で設定できます。

まずは、**IPアドレス制限**について紹介します。この機能は、kintoneにアクセス可能なIP
アドレスを制限できる機能です。たとえば、社内のグローバルIPアドレスのみアクセスを許
可するように設定すると、社外の端末からはkintoneを利用できなくなります。

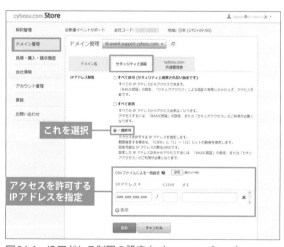

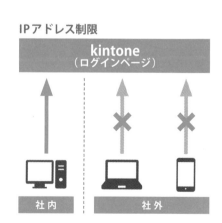

図34-1　IPアドレス制限の設定（cybozu.com Stroe）

Basic 認証

IPアドレス制限を設定すると、社外からの不正アクセスを防げるようになりますが、その反面、自宅や外出先からkintoneを利用できなくなってしまいます。これではkintoneの魅力が半減してしまいます。このような場合に活用できるのが**Basic認証**です。

Basic認証を設定すると、社外からのアクセス時のみ二段階認証が行わるようになります。このため、万が一、kintoneのログイン情報を他人に知られてしまっても、Basic認証の段階で不正アクセスを未然に防ぐことが可能となります。

 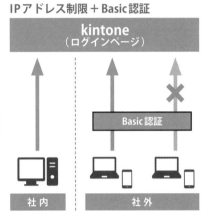

図34-2　Basic認証の設定（cybozu.com Stroe）

セキュアアクセス

kintoneのセキュリティを物理的に強化できる機能が**セキュアアクセス**です。この機能を有効にすると、「クライアント証明書」をインポートしている端末（Windows / Mac OS / iOS / Android）のみ、社外からkintoneにアクセスできるようになります。ユーザー名やパスワードではなく、端末でアクセスの可否を制限できるようになるため、より安全にkintoneを運用できるようになります。

ただし、セキュアアクセスを利用するには、別途、有料オプション[※1]を契約する必要があります。

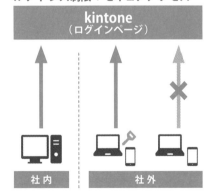

（※1）1ユーザーあたり250円/月、または2,940円/年
　　　（2021年9月現在）

モバイルアプリを利用した2要素認証

　ログイン方法に2要素認証を導入することも可能です。2要素認証を有効にすると、ログイン名とパスワードに加えて**確認コード（ワンタイム パスワード）**の入力を求められるようになります。

　確認コードの表示には、「**Google Authenticator**」または「**Microsoft Authenticator**」を利用します[※1]。kintoneにログインする際は、これらのアプリに表示される「6桁の数字」の入力が必要になります。

　万が一、ログイン名とパスワードを他人に知られてしまった場合に、確認コードの時点で不正アクセスを防げるようになるため、kintoneのセキュリティを大幅に強化できます。

（※1）Android端末やiOS端末にインストールできる認証用アプリ（TOTPアプリ）。

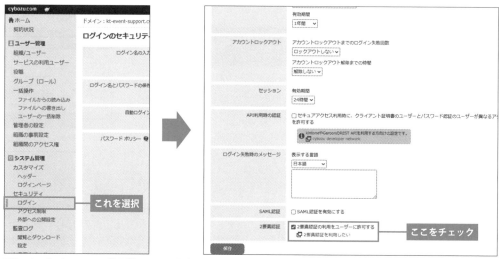

図34-3　「cybozu.com共通管理」の設定変更

図34-4　各ユーザーの設定変更

Index 索引

ご質問がある場合は・・・

本書の内容についてご質問がある場合は、本書の書名ならびに掲載箇所のページ番号を明記の上、FAX・郵送・Eメールなどの書面にてお送りください（宛先は下記を参照）。電話でのご質問はお断りいたします。また、本書の内容を超えるご質問に関しては、回答を控えさせていただく場合があります。

新刊書籍、執筆陣が講師を務めるセミナーなどをメールでご案内します

登録はこちらから

https://www.cutt.co.jp/ml/entry.php

kintone ファーストガイド　2022年版
働き方改革を推進し、テレワークを実現！

2021年10月25日　初版第1刷発行

著　者　　相澤 裕介
発行人　　石塚 勝敏
発　行　　株式会社 カットシステム
　　　　　〒169-0073 東京都新宿区百人町4-9-7　新宿ユーエストビル8F
　　　　　TEL　（03）5348-3850　　FAX　（03）5348-3851
　　　　　URL　https://www.cutt.co.jp/
　　　　　振替　00130-6-17174
印　刷　　シナノ書籍印刷 株式会社

本書に関するご意見、ご質問は小社出版部宛まで文書か、sales@cutt.co.jp 宛に e-mail でお送りください。電話によるお問い合わせはご遠慮ください。また、本書の内容を超えるご質問にはお答えできませんので、あらかじめご了承ください。

Cover design Y.Yamaguchi　　　　　　　　　　Copyright©2021　相澤 裕介
Printed in Japan　ISBN 978-4-87783-511-8